재무관리 조직
실무능력개발 매뉴얼

효산경영연구소
지식·인력개발교육원

편창규 · 편제호

신간 실무능력개발 매뉴얼

* 경영기획 조직   * 경영관리 조직   * 인사관리 조직   * 영업관리 조직
* 마케팅전략 조직   * 회계관리 조직   * 재무관리 조직   * 총무관리 조직
* 고객관리 조직   * 구매관리 조직   * 생산관리 조직   * 품질관리 조직
* 기술개발 조직

머리말

저자가 직무분석 연구를 시작한 것은 산업교육 전문기관인 주)아시안컨설팅에 경영진단팀이 신설되고 이 팀의 책임자로 합류한 후 1991년 7월부터 92년 2월까지 7개월 동안 한국방송공사의 『KBS의 합리적 인원관리를 위한 직무분석』 연구를 시작하면서 부터이다.

이 후 1993년 1월 효산경영전략연구소(효산경영연구소 전신)를 설립한 후 쌍용자동차, DB손해보험(구 동부화재), KDB생명(구 금호생명), 효성생활산업(효성에 합병), 기아정기(현대모비스에 합병), 한국프랜지, 한국유리공업, 인천국제공항공사, 한국산업인력공단, 한국도로공사, 공무원연금공단, 국민연금공단, 한수자원연구원, 한국전력연구원, 일산병원, 한국가스안전공사 등에 대한 직무분석 연구를 수행하였으며, 최근에는 순천대학교 『에너지자동화사업단 전기전자공학부 교과과정 개선을 위한 직무분석 연구』를 수행하였다.

강산이 3번쯤 바뀌는 27년 동안 책임연구원으로 직무분석(조직설계, 정원산정, 인사제도 설계)연구와 경영진단, 경영평가 연구를 수행하여 왔으니 때로는 직무분석 전문가가 아니라 道人(도인)이 된 것 같은 착각과 환상에 젖는 경우도 있었던 것 같다.

오랜 기간 동안 직무분석 연구를 통해 용역수행 기업에는 기업성장과 인적자원관리 제도발전에 많은 도움을 주었다고 자부할 수 있으나 조직원에게는 어떤 도움과 영향을 주었을까?

머리말

직무분석 연구결과 활용으로 설계된 신조직이 안정되고, 표준직무에 따라 적정정원이 성과지향적인 역할을 효율적으로 수행하여 기업이 성장·발전하게 되면 조직원들의 귀속성과 직무만족도가 향상되었을까?

혹시 직무분석 연구결과로 산출되는 신조직구조, 신직무편재, 정원재조정, 직무가치 중심의 성과관리로 인해 업무활동을 더 힘들게 하지는 않았을까?

이러한 조바심이 들면서 그동안 연구한 직무분석 결과를 활용하여 조직원들에게 도움을 줄 수 있는 방법은 없을까를 고민하던 중, 조직원들의 직무능력개발과 실무적응력을 향상시킬 수 있는 교육프로그램을 설계한 후, 교육교안으로 본서를 저술하였다.

실무능력개발을 지원하는 온라인교육과 실무방법을 첨삭지도 하는 오프라인 교육을 위해 1차로 3개 직종(관리, 영업, 생산), 13개 조직(경영기획, 경영관리, 인사관리, 총무관리, 영업관리, 마케팅전략, 고객관리, 재무관리, 회계관리, 구매관리, 생산기술, 품질관리, 생산관리)에 대한 교육프로그램을 운영하게 된다.

본서는 기업조직에서 직무수행에 필요한 조직구조, 조직기능, 조직역할, 타 조직과의 업무협업, 표준직무, 직무목표에 대한 학습내용과 업무방법, 업무지식, 실무능력, 업무행동 개발방법이 구성되어 있다.

이러한 관점으로 저술된 본서는 Ⅰ장에서 산업환경 변화와 기업인재상, Ⅱ장은 조직기능과 편재직무, Ⅲ장 직무수행능력 관리, Ⅳ장 핵심직무 실무능력개발, Ⅴ장 조직행동과 직무적성관리, Ⅵ장 학습내용 평가로 저술되어 있다.

특히 Ⅳ장에는 조직별로 가장 핵심적이고 중요시 되는 실행업무

4~5개를 선정하여 "업무과제, 업무목표, 업무절차, 업무방법, 업무역할, 업무성과" 내용이 저술되어 있으므로 관련내용을 학습할 경우 실무능력이 우수한 인적자원으로 성장·발전할 수 있도록 하였다.

본서를 활용하여 온라인교육 과정에 참여할 경우에는 실무능력개발을 위한 사전 예비학습이 필요하다. 예비학습 방법으로는 본서의 Ⅱ장과 Ⅲ장에 구성되어 있는 조직기능과 편재직무, 직무수행능력 관리 내용을 1회이상 필독하여 표준직무, 업무프로세스 업무역할, 업무역량에 대한 기초 개념이 이해되도록 한다.

조직별 표준직무에 대한 기초개념이 정립되지 않은 상태에서 온라인교육을 이수할 경우 지식습득은 가능하나 체험·숙련·응용능력이 개발되지 않아 조직에 편재된 직무수행(방법, 역할, 능력, 성과)에 필요한 실무능력개발 학습이 어렵기 때문이다.

한편 본서를 활용하여 온라인교육에 참여하지 않고 자기 학습할 경우에는 예비학습 대신 학습단계를 1차 학습과 2차 학습단계로 구분하여 학습하는 것이 효과적이다.

1차 학습단계에는 본서에서 표현되는 용어들이 이해될 수 있도록 개념중심의 학습을 이행한 후, 2차 학습단계에서 조직별로 편재된 표준직무의 이해(목표, 성과)와 업무흐름, 업무역할, 업무방법을 학습하기를 권한다.

학습방법의 선택은 독자들의 몫일 수 있으나 본서가 지향하는 학습내용은 조직별로 업무역할에 대한 이해와 업무성과를 달성하는데 필요한 실무능력개발에 목표를 두고 있으므로 이러한 교육효과를 나타내는 학습방법의 선택이 중요하다.

머리말

그리고 본서를 활용하여 취업에 필요한 실무능력을 개발할 경우에는 본서의 자매 서적으로 취업희망 직업분야 선택에 도움을 주는 참조 도서인 "the Job 오케스트라"와 직종·직렬별 직무분야와 업무역할 안내 도서인 "취업 & 직무능력개발 어떻게 할 것인가?"를 활용하여 취업방향 탐색 즉, 취업희망(성장 잠재력)분야 선정과 직무분야를 선택한 후, 취업에 필요한 실무능력을 개발하여야 한다.

만일 취업희망 분야와 실무능력개발 분야가 다를 경우 특정분야의 실무능력을 갖추고서도 타 분야에 취업을 희망한다면 실무면접에서 좋은 평가를 받을 수 없기 때문이다.

따라서 취업에 성공하기 위해서는

1단계로 미래성장 산업분야를 탐색하여 선택한 후,

2단계에서 적성과 인성에 적합한 취업희망 직무분야를 선정하고

3단계에서 취업희망 직무(조직)분야의 실무능력을 개발하여 취업 경쟁력을 향상 시켜야 한다.

끝으로 본서의 저술목적에 부합되는 학습방법 선택으로 독자들의 학습목적이 성취되기를 기원한다.

감사합니다.

2018. 6. 28

대표저자 편 창 규

- 목 차 -

Ⅰ. 산업환경 변화와 기업인재상

1. 산업환경 ··· 11
   1.1 산업환경 변화 ·· 11
      가. 연대별 국내 산업성장 동향 ································· 11
      나. 산업성장 패러다임 변화 ·· 12
   1.2 인적자원변화 ·· 14
      가. 인적자원관리 ··· 14
      나. 인적자원모집 ··· 14
      다. 인적자원관리 환경 ··· 14
   1.3 인력관리 패러다임 변화 ·· 15
      가. 글로벌 인재육성 ··· 15
      나. 직무역량 전문화 관리 ·· 16
2. 기업인재상 ·· 16
   2.1 대기업 인재상 ·· 17
   2.2 중소기업 인재상 ·· 17
   2.3 기업인재상 관리모델 ·· 17
3. 직무역량관리 ·· 18
   3.1 기업정보관리 ·· 19
      가. 기초정보 ·· 19
      나. 경영정보 ·· 19

목 차

      다. 직무정보 ··· 19
   3.2 자기점검관리 ··· 19
      가. 직무선호도 ·· 19
      나. 직무역량 ··· 20
      다. 기업적합도 ·· 20
   3.3 직무역량관리 ··· 20
      가. 목표직무 요건 준비 ·· 20
      나. 직무기초능력 학습 ·· 20
   3.4 자기 이미지 관리 ·· 21
4. 학습내용 평가 ·· 22

Ⅱ. 조직기능과 편재직무

1. 조직기능과 구조 ··· 23
   1.1 조직기능 ··· 23
   1.2 조직구조 ··· 24
2. 조직의 직무편재 ··· 27
   2.1 표준직무 편재 ·· 27
      가. 편재직무 특성과 역할 ·· 28
      나. 표준직무 편재내용 ·· 30
3. 학습내용 평가 ·· 31

Ⅲ. 직무수행능력 관리

1. 직무수행요건 ·· 33

1.1 직무가치 ·· 33

　　1.2 직무지식과 실무능력 ·· 34

　　　　가. 직무지식관리 ·· 34

　　　　나. 실무능력관리 ·· 34

　　　　다. 업무역량과 업무 행동관리 ·· 35

　　1.3 조직몰입도 관리 ·· 36

　　　　가. 조직몰입도 관리항목 ·· 37

　　　　나. 조직몰입도 영향요인 ·· 37

2. 직무능력 학습 ··· 40

3. 학습내용 평가 ··· 42

IV. 핵심직무 실무능력개발

1. 예산운영관리 직무 ··· 45

　　1.1 예산집행 계획수립 ·· 45

　　1.2 예산집행관리 ·· 46

　　　　가. 예산집행 기록관리 ·· 47

　　　　나. 예산전용 및 수정 ·· 48

　　　　다. 예산의 이월관리 ·· 48

　　1.3 예산통제·조정관리 ··· 48

2. 원가관리 직무 ··· 50

　　2.1 원가관리과제 ·· 50

　　2.2 원가계산 ·· 55

　　　　가. 요소별 원가계산 ·· 55

목 차

    나. 부문별 원가계산 ·· 59
    다. 제품별 원가계산 ·· 60
    라. 사전원가 계산 ·· 62
  2.3 표준원가관리 ·· 65
    가. 표준원가 산정 ·· 65
    나. 원가차이 분석 ·· 66
3. 고정자산관리 직무 ·· 67
  3.1 고정자산 관리체계 ·· 67
  3.2 고정자산 취득 ·· 69
  3.3 고정자산 운영 ·· 71
    가. 자산보존관리 ·· 71
    나. 고정자산 감가상각 ·· 73
4. 재무분석 직무 ·· 76
  4.1 재무분석 과제 ·· 76
    가. 재무비율 분석 ·· 77
    나. 손익분기점(break-even point, BEP) 분석 ··············· 79
    다. 총투자 수익률 분석(ROI 분석) ······························ 81
5. 학습내용 평가 ·· 82

Ⅴ. 조직행동과 직무적성관리

1. 조직행동관리 ·· 87
  1.1 직무적응력 관리 ·· 87
    가. 직무적응력 개발 ·· 87

나. 직무적응력 향상과제 ·· 88
　　다. 계층별 직무적응력 ·· 88
　　라. 핵심직무 적응력 관리 ·· 90
　1.2 업무동기관리 ·· 90
2. 직무적성관리 ·· 93
3. 학습내용 평가 ·· 95

Ⅵ. 학습내용 평가

1. 학습내용 평가관리 ··· 97
2. 평가결과 활용 ·· 98
3. 학습내용 평가 정답 ··· 99

Ⅰ. 산업환경 변화와 기업인재상

1. 산업환경

1.1 산업환경과 변화

□ 산업성장성과 라이프사이클 및 경영패러다임 변화에 따라 새로운 직업이 분화되면서 채용분야 및 규모가 결정되어 왔음

가. 연대별 국내 산업성장 동향

□ 1980년대 기초소재 산업성장
- 경공업, 기계, 철강, 전기, 화학, 건축, 토목 산업 발달

□ 1990년대 기술집약적 산업성장
- 중화학, 정밀기계, 석유화학, 금속가공, 조선, 전자, 전기, 가전, 건설플랜트, 자동차 산업 발달

□ 2000년대 지식집약적 산업성장
- 서비스, 정보통신, 반도체, 사회·문화·예술, 금융·보험 산업 발달

□ 2010년대 IT기반의 정보네트워크 산업성장
- 신소재, 게임 및 연예오락, 기술 융·복합, 생명공학, 항공, 에너지, 지식기반 서비스산업 발달

□ 2020년대 인공지능 테크놀로지 산업성장
- 생명공학, 로봇, 우주항공, 개인 서비스산업 성장 예측

Ⅰ. 산업환경 변화와 기업인재상

나. 산업성장 패러다임 변화

□ 산업기술의 발전과 소비자 생활패턴의 다양화에 따라 사업관리 역할의 다원화가 추진되고 있음

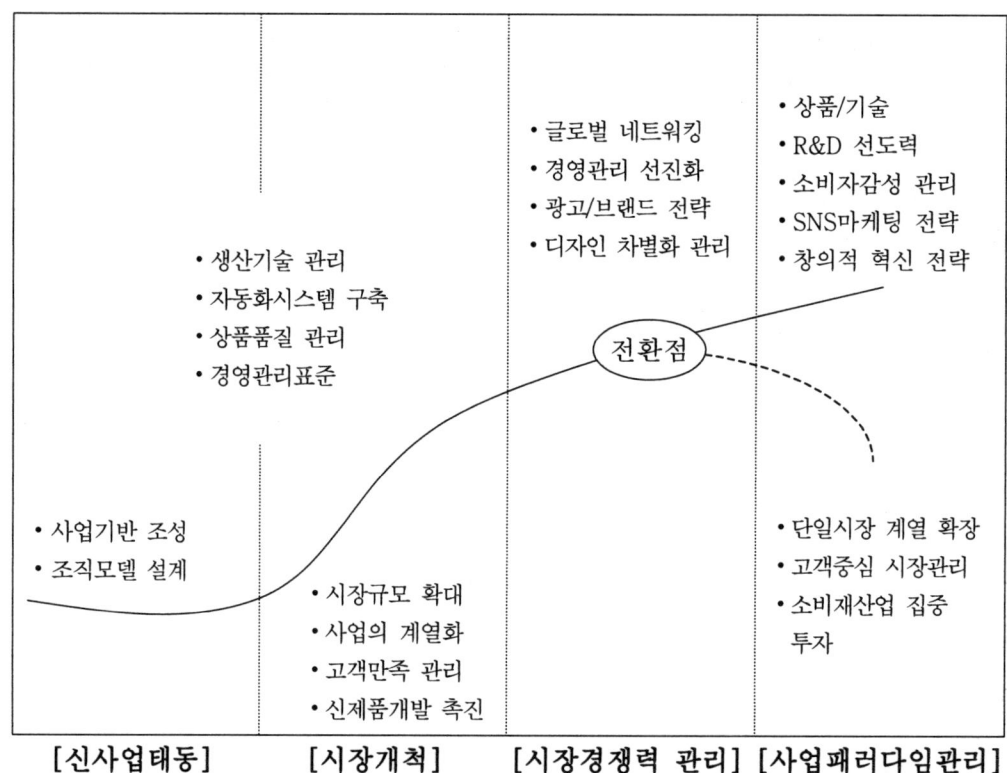

산업환경

- 글로벌 경제시스템의 지식기반사회 발달
- 신산업의 창조와 성장사업의 확장
- 새로운 사업모델과 경영자원의 다차원화
- 사업의 계열화와 전문화 촉진
- 산업성장 사이클 단축과 사회문화의 변화

I. 산업환경 변화와 기업인재상

□ 미래 성장산업 예측
  • 산업성장 패러다임에 따라 신산업이 태동하거나 새로운 산업으로 분화되어 인적자원 시장이 확장되고 있음

[미래 성장산업 분야]

구분	사업분야		
미래지식 서비스 산업	지식정보 서비스 산업	• 원격의료 서비스 • 질병정보 시스템 • 안전재난 방재산업	• 디지털 콘텐츠 • 전문직 서비스
	생산기반 서비스 산업	• 연구 엔지니어링 • 광고 및 디자인 • 지능형 종합물류	• 나노정밀 산업 • 신기능 복합소재 • 정밀화학 소재
성장 잠재력 서비스 산업	문화관광 서비스 산업	• 문화·관광 콘텐츠 • 오락·게임 산업 • 섬유패션 산업	• 항공레저 산업 • 관광산업
	생명과학 서비스 산업	• 신재생 에너지 • 친환경 기술산업 • 인공지능형 로봇	• 바이오 신약사업 • 인지 뇌과학 • 수자원 산업
	미래성장 서비스 산업	• 정보통신 기기 • 전자의료 기기 • 수소에너지 기술	• 항공우주 산업 • 산업용로봇 산업
미래유망 직업	25년 미래산업 (유엔미래보고서)	• 최고경영 관리자 • 브레인 퀀트 • 오피스프로드스 • 디지털 고고학 • 기억수술 전문의 • 인공지능 서비스	• 임종설계사 • 유전자 상담사 • 거래 중개인 • 결혼·동거 상담 • 탄소배출권 • 수소연료 전지

1.2 인적자원 변화

가. 인적자원 관리

□ 산업성장 패러다임의 변화와 지식기반 사회발달에 따라 인적자원의 역량 전문화를 추진함
- 핵심역량 직무중심 우수 인재상 정립과 육성
- 소수정예 글로벌 인재채용과 융·복합 인재 육성
- 성과중심 처우·보상과 인적자원 관리
- 직무분야별 상시 경력직 채용과 직무능력 적합성 평가

나. 인적자원 모집

□ 산업환경과 인적자원 관리 방법에 따라 채용방법이 지속적으로 변화되어 왔음

[연대별 인력수급 방법]

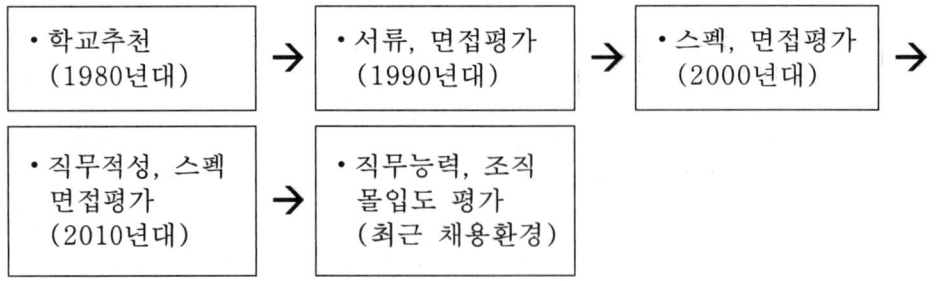

다. 인적자원 관리환경

□ 직무능력 중심의 자원관리
- 직무적응력을 중시하며 직무수행요건 적합성 평가

- 조직적응력을 중시하며 직무적성과 인성평가
□ 성과중심 인력관리
    - 조직목표 실현 직무능력과 조직행동 및 업무성과 평가
    - 직무가치 중심의 업무성과와 역할실행력 평가
□ 인적자원 육성관리
    - 우수인재 설정 및 인적자원 경력관리
    - 핵심직무 전문가 육성과 교육훈련 관리

1.3 인력관리 패러다임 변화

가. 글로벌 인재육성

□ 직업의 가치관이 평생직장 개념에서 평생직업 개념으로 변화되면서 직업계열화와 직무능력 전문화가 추진되고 있음
    - 개인중심 성향으로 인해 인적자원 활용에 중점을 두는 경향을 나타냄
    - 장기비전과 성장전략에 부합하는 기업 인재상 구축과 인적자원 육성방향 설정
    - 글로벌 인재채용으로 직무역량의 다원화와 직무능력개발 선택과 집중화 관리
        - 전문지식과 숙련된 사업기획 및 전략운영능력 개발
        - 기초지식과 전문화된 업무성과 관리능력 개발
        - 표준직무 이해와 업무시스템 운영능력 개발
    - 신입사원 직무 부적응과 조기 퇴직자 관리를 위한 기업 인재상 적합도와 조직몰입도 수준 평가

나. 직무역량 전문화 관리

- □ 직무속성 학습
  - 직무종류, 직무가치, 직무목표와 성과, 직무수행방법 학습
- □ 직무능력개발
  - 전문지식, 기초지식, 실행방법 숙련, 업무몰입행동, 업무동기
- □ 업무프로세스 운영능력 개발
  - 업무시스템, 업무네트워크, 업무권한과 책임, 업무통제 및 조정 방법

2. 기업 인재상

- □ 산업환경 변화에 따른 경쟁력 제고와 우수한 인적자원 육성방향을 설정하기 위해 인재상을 정립하고 채용, 직무순환, 교육 및 훈련, 경력개발 제도에 연계시켜 전문 인력 육성체계를 확립함
  - 경쟁 심화에 따른 비전과 미션, 전략추진 인재상 정립
  - 전사적 경영방침 공유를 통한 조직목표의식 고양과 조직몰입 동기부여
  - 사업부문별 적합한 인재상 제시 및 육성으로 사업전략 실행력과 업무목표 성과 향상
  - 미래 핵심 전문 인력 육성·관리로 사업경쟁력 향상과 안정적인 성장기반 조성하여 신사업 추진력 확충

- 인재상의 구체적 실현을 위한 조직가치, 변화과제, 개인역할의 수준과 관리방향을 설정

2.1 대기업 인재상

□ 기업성장을 위한 인적자원 역량 전문화에 목표를 둠
- 창조적 사고와 열린 사고력으로 시장중심의 도전적인 마인드 형성
- 글로벌 환경 적응력과 직무역량 전문화 인재
- 적극적이고 진취적이며 새로운 환경에 도전적인 전문 인력육성
- 다양한 업무에 충실하며 강한 승부근성으로 기업성장을 견인하는 리더십 관리

2.2 중소기업 인재상

□ 다양한 현장경험을 바탕으로 조직운영 및 사업성과 관리 전문화를 촉진함
- 핵심인력 리더십 배양과 현장중심 과제 수행능력 향상
- 다양한 현장실무의 전문화와 숙련업무 성과관리 능력개발
- 미래 경영환경 적응능력 개발과 인적자원 관리
- 사업분야별 직무역량과 사업 수행요건 설정 및 핵심인력 육성방안 설정

2.3 기업인재상 관리모델

□ 사업부문별 핵심직무가치 수준과 업무성과 관리목표에 따라 인적

I. 산업환경 변화와 기업인재상

자원 육성관리

- 장기비전과 성장전략에 부합하는 인재상 표출
    - 전문성, 창조성, 탁월성, 도전성, 도덕성 관리
- 기업의 존립과 성장기반 및 인재상 구축
    - 경영전략과 목표달성, 지속성장성과 전문능력 관리
- 직무가치 생산과 사회적 책임감 고취
    - 기업가치, 고객가치, 사회가치, 조직가치, 개인가치의 실현
    - 변화와 혁신, 학습과 성장성 관리

기업이 추구하는 인재상

- 직무수행 전문능력을 갖추고 지속적으로 자기개발을 실행하며 글로벌 경영을 리드하면서 창의적인 방법으로 경영목표를 실현하는 사람

---

3. 직무역량 관리

□ 역량은 삶의 패턴을 관리하는 역할이며 미래지향적이고 가치 중심적이며 업무성과와 연계되므로 선택이 중요함

- 내가 선호하고 자신의 삶을 보람되게 하는 직무분야
- 나를 인정하고 우수한 인재로 성장시켜줄 기업
- 시장경쟁력을 갖추고 지속적으로 성장·발전하는 기업
- 사업분야 다원화로 산업 라이프사이클 변화에 탄력성이 큰 기업

- 창의적이고 혁신적인 기업문화로 산업발전을 견인하는 기업

3.1 기업정보 관리
가. 기초정보
☐ 업종, 사업분야, 규모, 형태, 산업 및 시장환경, 경쟁력, 성장성, 수익성, 안정성 측면의 기업평가 정보

나. 경영정보
☐ 기업비전과 사업전략, 경영목표, 경영성과, 기업문화, 조직모델과 구조, 채용분야, 기업 인재상, 채용방법, 사회공헌 역할과 사회적 이미지

다. 직무정보
☐ 표준직무, 직무수행요건, 직무가치, 핵심역량, 업무시스템과 프로세스, 업무역할, 업무행동, 적성과 인성, 업무동기, 조직몰입행동

3.2 자기점검 관리
가. 직무선호도
☐ 직무이해도, 전공분야 연관성, 직무능력 수용력, 적성과 인성의 일치성, 미래직업 안정성

나. 직무역량

□ 기초지식, 전문지식, 전문성, 실무능력, 실무경험, 교육이수

다. 기업 적합도

□ 경영이념과 철학, 기업문화, 기업 인재상, 인적자원관리 제도

3.3 직무역량 관리

가. 목표직무 요건 준비

□ 실무능력, 전문성, 성실성, 주인의식, 목표추진력, 창의성, 도전정신, 위기대처 능력

나. 직무기초능력 학습

□ 표준직무 이해를 통해 직무역량 관리 로드맵 설정
- 역량개발 희망 직무분야 선택
- 직무수행능력 수준평가 및 역량개발과제 선정

□ 직무지식과 실행능력 개발
- 직무지식, 직무경험, 직무가치, 업무프로세스와 시스템 운영방법, 업무방법, 업무역할, 업무성과, 업무생산성 향상방법 학습

□ 직무적응력과 직무적성 개발
- 직업의식, 업무스킬, 직무적성, 성과추진력, 업무동기, 정보분석력, 리더십, 문제해결력, 조직적응력 개발

3.4 자기 이미지 관리

□ 직무능력 함양과 조직적응력 최적화 이미지 관리
- 선택된 직무분야와 직업적성에 연계되는 이력성 내용
- 전문지식과 기초지식 및 경험능력 구성에 부합하는 사실적 내용 작성
- 작성내용의 일관성과 사실적인 연계성, 문장체계의 통일성과 표준화
  - 면접 시 복장과 자세 등 매너관리
  - 기업 경영이념과 철학, 사업분야, 시장환경, 기업문화, 전문지식과 가치관

4. 학습내용 평가

문1. 산업성장 패러다임에서 사업관리의 다원화가 추진되는 전환기 는 어느 시기 입니까?
① 신 사업태동기　　② 시장개척기　　③ 시장경쟁력 관리시기
④ 사업패러다임 관리 시기　⑤ 사업철수 및 구조 조정기

문2. 사업관리의 다원화 및 전환기에서 추진되는 역할로 적정한 것은 무엇입니까?
① 사업관리 기반조성　　② 경영관리 표준화 추진
③ 글로벌 네트워킹 실행　④ 창의적 혁신전략 수행
⑤ 고객만족도 관리

문3. 미래성장 잠재력이 큰 산업으로 분류되지 않는 산업분야는 무엇입니까?
① 문화관광 서비스 산업　② 생명과학 서비스 산업
③ 지식정보 서비스 산업　④ 기술집약적 중화학 산업
⑤ 인공지능 서비스 산업

문4. 미래성장 산업에서 추구하는 인적자원 관리 방향이 아닌 것은 무엇입니까?
① 우수 인재상 정립과 육성　② 사업의 계열화와 전문화 추진
③ 글로벌 환경의 융·복합인재 육성
④ 성과중심의 처우·보상제도 운영
⑤ 핵심분야 직무능력 적합성 관리

문5. 일반적인 관점에서 대기업의 목표 인재가 지향하는 과제가 아닌 것은 무엇 입니까?
① 리더십 배양과 현장 중심의 직무능력개발
② 창조적 사고와 시장 중심의 도전의식
③ 글로벌 환경 적응력과 직무역량 전문화
④ 진취적이고 도전적인 전문역량 개발
⑤ 직무 충실성과 기업성장 견인 리더십

문6. 일반적인 관점에서 중소기업에서 지향하는 인적자원 관리 방향은 무엇입니까?
① 핵심 직무가치 중심의 성과관리
② 장기비전과 전략실행 인력육성
③ 사회적 책임감 고취와 고객가치 지향
④ 실무능력 다원화와 성과중심 목표관리
⑤ 기업가치 실현의 변화와 혁신관리

문7. 기업의 우수인재로 성장하기 위한 직무역량 개발 및 전문화 방법이 아닌 내용은 무엇 입니까?
① 표준직무수행요건 학습　　② 팀 직무지식과 실행능력 개발
③ 업무적응력과 직무적성 개발　④ 경력관리 및 자기학습프로그램 운영
⑤ 기업경영정보와 경영방침 이해

II. 조직기능과 편재직무

1. 조직기능과 구조

1.1 조직기능

☐ 재무관리 조직의 기본역할은 기업설립 자본과 운영자산을 관리하여 지배구조의 안전성 확보와 잉여자산의 투자관리로 이익창출을 위한 업무를 수행함

☐ 국내외 경제 환경의 영향력 분석과 자산회전률(매출액/총자본)과 수익률(매출수익/매출액), 자기자본비율(자기자본/총자본)과 유동비율(유동자산/유동부채)을 분석하여 자금운영의 적정성(활동력, 수익력, 안정성, 지불능력) 수준에 따라 과부족 자금의 조달(차입, 회사채발행, 주식증자)과 여유자금의 투자(예금, 증권구매, 선물거래, 부동산) 관리를 함

- 기업자본과 자산을 관리하여 지배구조의 안정성을 확보하고 여유자산의 투자로 수익을 창출함
- 운영자산 예측과 이익계획을 분석하여 자본과 부채비율의 적정성과 투자자산 운영 기준을 설정함
- 경제 및 시장성장성과 자산(재무) 및 운영자금(회계) 현황과 수익률을 분석하여 미래자산 가치를 예측함

Ⅱ. 조직기능과 편재직무

□ 조직역할
- 자산운영 방침관리
  - 경제성장성 및 금융시장 환경을 조사·분석하여 사업계획 일정별로 자산운용 지침과 자금조달방법 설정
  - 사업투자 목적과 투자대상, 자본규모와 경제적 효용성, 운전자금 유동성, 기대수익률을 예측하여 자본예산을 편성
- 운영 자본관리
  - 기업운영 자본인 유동자산(현금, 예금, 유가증권, 외상매출금, 재고자산)과 유동부채(사채, 차입금, 미지급금)의 차이에 대한 경영활동 필요한 자금규모(유동성)와 소요량(안정성)을 관리
  - 운영자본은 투자규모·생산량·매출액·재고자산 변화에 탄력성을 나타내므로 적정성 관리가 중요함
- 자본이익률 관리
  - 경영활동의 목표이익(영업·경상)을 달성하기 위해 고정비·변동비·생산원가 등의 비용과 판매량·매출액·영업이익 등의 수익의 교차점인 손익분기점을 분석하여 생산 및 판매량에 따른 자본수익률을 관리함
  - 자기자본이익률(경상이익/자기자본)은 재무건전성을 측정하고, 매출 총이익률(영업이익/매출액)은 수익률 측정지표로 활용됨

1.2 조직구조

□ 기업의 조직은 경영목적을 수행하기 위해 업무분야별 업무처리 기구를 계통적으로 편성한 구성단위

- 조직구분은 사업범위에 따라 직종별로 분류되고 업무역할에 따라 직렬별로 구분하여 계열화 및 전문화시킴

☐ 직종
- 최상의 조직구조에 위치하는 사업분야의 분류단위로 관리, 영업, 생산으로 구성

☐ 직렬
- 직종의 하위조직 분류 단위이며 사업역할별로 분류함
  - 관리직종
    · 기획, 경영관리, 재무회계, 조달직렬
    · 재무관리는 재무회계 직렬에 편제되는 업무실행 조직
  - 영업직종
    · 영업, 제품개발, 마케팅전략, 유통·서비스 직렬
  - 생산직종
    · 연구, 생산기술직, 생산관리, 품질관리 직렬

☐ 팀
- 직렬의 하위조직 단위로서 업무방법에 따라 구분되며 조직성과 관리 및 채용관리 기준이 됨

Ⅱ. 조직기능과 편재직무

[재무관리 조직 포지션]

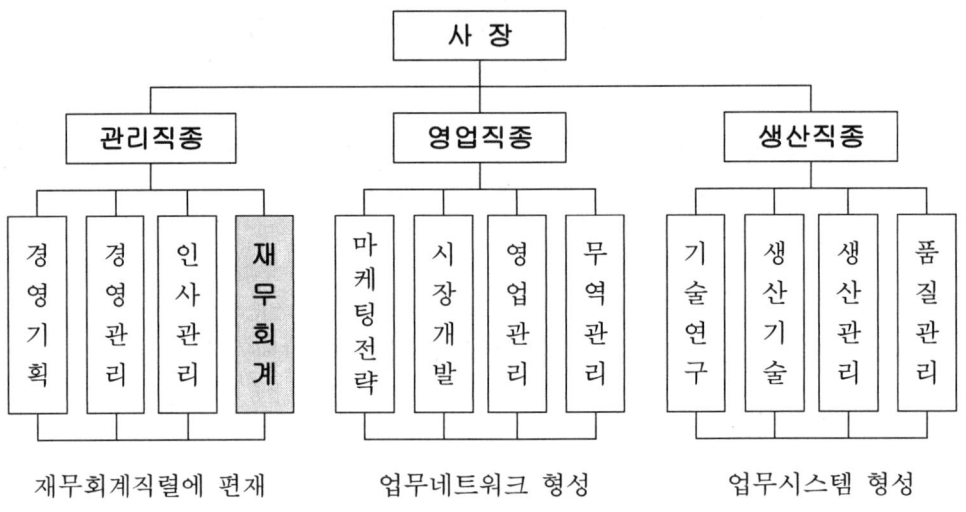

- □ 업무시스템
  - 단위업무별로 단일목표의 성과관리를 위해 연관된 공통적인 역할을 수행하여 목표를 실현하는 업무패턴
- □ 업무네트워크
  - 단일목표로 수행되는 업무패턴에 이해관계가 형성될 경우 영향력의 크기에 따라 정보공유와 협력 체계가 이루어짐

2. 조직의 직무편재

2.1 표준직무 편재

□ 조직별로 편재되는 표준직무는 경영목표관리와 사업성과 달성에 필요한 임무와 이를 실행하는 일로 구성됨. 즉, 기업의 경영목표 달성을 위해 조직별로 할당된 임무를 실행하는데 필요한 과제·일·역할을 업무방법별로 계열화시킨 내용이 표준직무임

□ 즉 표준직무는 조직별로 구성된 "일"의 전체내용으로 목표달성과 임무수행에 필요한 지식, 능력, 경험, 행동이 포함되며, 목표와 역할의 중요도에 따라 직무가치를 설정하여 상대적인 수준차이에 따라 역할의 방향과 우선순위가 설정됨

[표준직무 편재 요건]

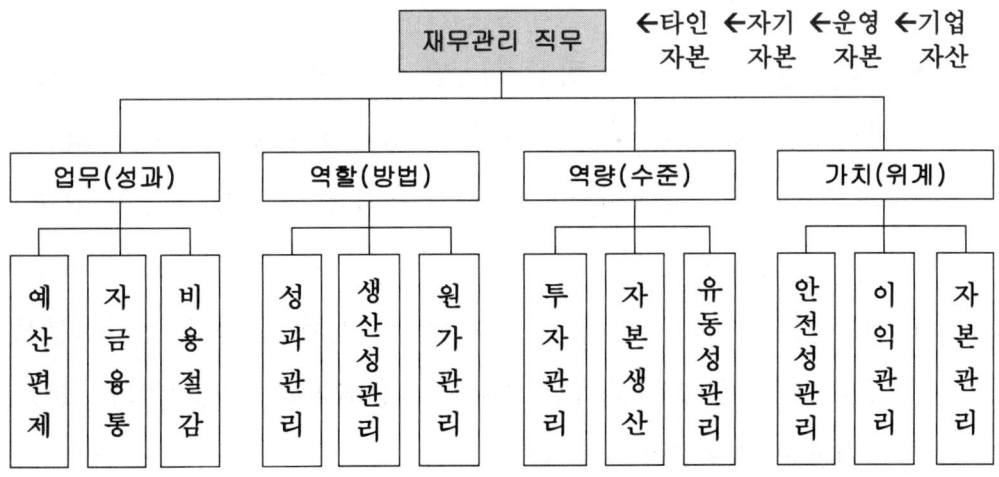

II. 조직기능과 편재직무

□ 재무관리 조직의 표준직무는 설립자본과 운영자본의 유동성과 투자자산의 안전성을 관리하여 사업 수익성을 향상시킴
- 재무제표와 회계자료를 분석하여 재무상태를 예측하고 미래 경영계획에 따라 자기자본 및 부채비율을 조정하여 운용자산의 안전성을 관리
- 기업가치 향상을 위한 매출액의 영업이익률 관리와 여유자금의 투자수익률 관리, 자기자본비율(자기자본/총자본)의 적정성 관리 직무가 편재됨

가. 편재직무 특성과 역할

□ 직무특성
- 자산운용 방침관리를 위해 경제환경과 금융시장 동향 분석, 영업이익률과 투자수익률 분석, 운영자금 유동성과 재무안전성을 분석하여 미래 재무상태 예측과 자산운영 계획 및 재무위기 관리 시스템을 설정함
- 합리적인 재무통제를 위한 자산운용 계획(방법·규모·시기)과 자본조달 계획의 적정성 관리, 고정자산과 유동자산의 회전율(매출액/고정·유동자산) 관리, 운용자금 유동성(유동자산/유동부채)을 관리함
- 재무정보 관리를 위해 운영자금 명세서와 투자자산 가치분석, 재무제표 및 손익분기점 분석, 생산원가와 영업이익률 분석, 자산운영 수익률을 관리함

□ 핵심역할
- 자본과 자산구성의 적정성을 관리하여 기업가치를 향상시키고 운영자금의 유동성을 관리하여 이익(매출, 투자)의 극대화를 추구함
- 재무관리 체계화로 기업성장성을 지원하기 위해 재무계획(재무예측, 이익계획, 투자결정), 자본조달(장·단기자본, 자본비용, 회전율, 안정성), 자본운영(예산관리, 단기운전자본, 고정자산, 재고자산), 재무통제(재무제표 분석, 손익계산서 분석, 이익배당, 사내유보금), 국제재무관리(환리스크, 국제금융, 해외투자관리) 역할을 수행함

□ 전략과제

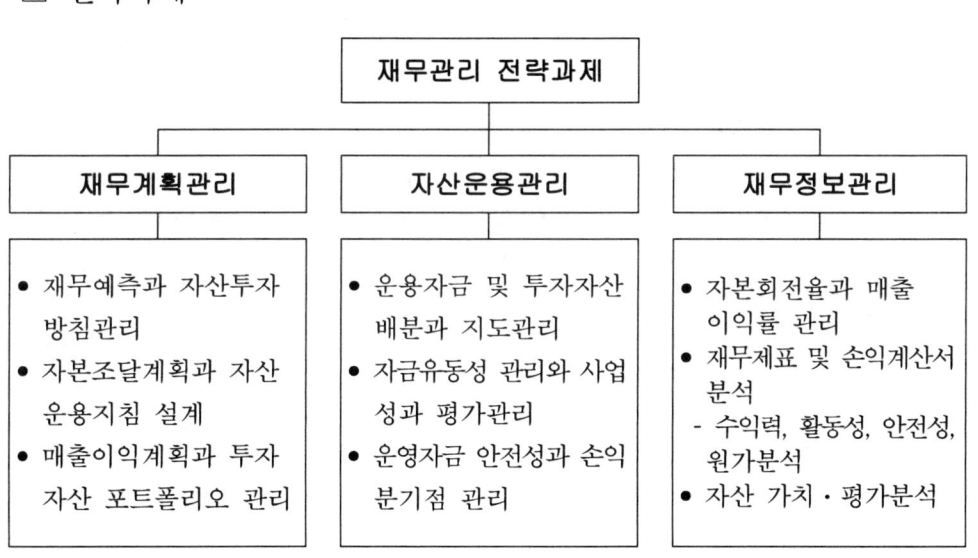

Ⅱ. 조직기능과 편재직무

나. 표준직무 편재내용

[재무관리 조직 편재직무]

표준직무		직무수행능력		
직무	세부직무	실무능력	전문지식	업무행동
자산운용계획관리	•경제 및 금융시장 조사분석 •자산운용 계획 및 정책수립 •자금운용 효율성 분석	•국내외 경제환경 영향 분석 •자금 및 자산운용지침 설계 •자본시장 동향분석 및 정보관리	•경영성과 평가 •화폐 금융론 •자금유동성 관리 •투자위험 분석 및 관리방법	•정보력 •분석력 •기획력 •판단력 •리더십
자산운용관리	•자금수지 예측과 유동성 자금관리 •운용자금 부문별 배분관리 •자산운용 실적 및 분석 평가 •자산운용 투자계획 수립	•자금수지 예측 •유동성 자금관리 •자금수익율 분석	•운용자산 포트폴리오 설계능력 •자산회전율 및 자산 구성비율 분석 •자산구조 분석	•신중성 •책임감 •리더십 •분석력 •탐색력
투자관리	•유가증권 운용전략 수립 •현 예금투자 및 대출금관리 •유가증권 관리업무 •부동산 개발 및 투자관리 •해외투자 관련업무	•투자부문별 운영지침 숙지 •국내·외 투자환경 이해 •투자자산 포트폴리오 관리 •시설투자 계획수립	•국내·외 투자정보 수집 및 분석 •금융상품 투자지식 •자산 및 채권 운용 방법 •부동산 투자관리 방법 •선물투자 관련지식	•예측력 •분석력 •정보력 •신중성 •통찰력 •판단력 •추진력
재무정보관리	•자산운용 및 재산이용 명세서 관리 •재무제표 정보(수집)분석관리 •자산운용 가이드라인 설정 •대외자료 제출	•자산운용 전략 개발 •제조원가 및 영업 이익률 관리 •연말 결산업무	•자산가치 평가 분석 •자산운용 수익률 분석 •재정 금융정책 이해	•정보력 •탐색력 •논리력 •분석력 •예측력

3. 학습내용 평가

문1. 조직(부서)운영에 직접적인 영향을 미치는 요인이 아닌 것은 무엇입니까?
① 기업비전과 경영방침　　　　② 중장기 경영전략과 경영목표
③ 기업의 사회적 이미지　　　　④ 기업자본과 지배구조 안전성
⑤ 운영자산과 자본과 부채비율

문2. 재무관리 조직(부서)은 어느 직종에 분류되어 조직목표와 경영성과 관리 역할을 수행 합니까?
① 기획직종　　　　　　　　　　② 관리직종
③ 영업직종　　　　　　　　　　④ 생산직종
⑤ 개발직종

문3. 일반적인 측면에서 조직(분야, 규모)분류 단위가 적정한 것은 어느 항목입니까?
① 직종>직렬>직군>부서　　　　② 직군>직종>직렬>부서
③ 직군>직렬>직종>부서　　　　④ 직렬>직종>부서>직군
⑤ 직군>직렬>직종>부서

문4. 재무관리 조직(부서)에서 중점적으로 수행하는 직무역할이 아닌 것은 무엇입니까?
① 자산운영 방침관리　　　　　② 영업이익률과 투자 수익률 분석
③ 운영자금 유동성과 재무안전성 관리　　④ 월별 운영자금 결산관리
⑤ 재무제표와 손익분기점 분석

문5. 일반적인 관점에서 중·장기 사업관리에 목표를 두고 운영되는 조직(부서)의 그룹은 어느 것입니까?
① 경영기획, 마케팅전략, 품질관리　　② 재무관리, 경영관리, 기술개발
③ 회계관리, 시장개발, 생산관리　　　④ 경영기획, 마케팅전략, 생산관리
⑤ 기술연구, 시장개발, 생산관리

II. 조직기능과 편재직무

문6. 재무관리 조직에서 지향하는 업무성과 관리과제가 아닌 것은 무엇입니까?
    ① 경영자원관리   ② 재무안전성 관리
    ③ 운영자산 회전율 관리   ④ 재무 위기관리 시스템 구축
    ⑤ 고객만족도 관리

문7. 일반적으로 재무관리 조직에 편재되는 표준직무가 아닌 것은 무엇입니까?
    ① 자산운용 계획과 정책수립   ② 자금수지 예측과 유동성 관리
    ③ 유가증권 운용전략 수립   ④ 사업예산 심사 및 조정
    ⑤ 재무제표 정보관리

문8. 일반적으로 조직(부서) 이기주의가 심한 기업의 경영목표 관리방법으로 적정한 것은 무엇입니까?
    ① 탑다운(Top Down)방법의 목표과제 할당
    ② 보텀업(Bottom Up)방식의 목표과제 선정
    ③ 탑다운(Top Down)방법과 보텀업(Bottom Up)방식의 병행
    ④ 사업부문(직종, 직렬)별로 책임경영(관리)방식의 목표설정
    ⑤ 제안공모제 방법에 의한 목표과제 설정

문9. 책임과 권한이 합리적으로 배분되어 운영되는 조직(부서)에서 일반적인 경영목표 관리 방법으로 적정한 것은 무엇입니까?
    ① 탑다운(Top Down)방법의 목표과제 할당
    ② 보텀업(Bottom Up)방식의 목표과제 선정
    ③ 탑다운(Top Down)방법과 보텀업(Bottom Up)방식의 병행
    ④ 사업부문(직종, 직렬)별로 책임경영(관리)방식의 목표설정
    ⑤ 제안공모제 방법에 의한 목표과제 설정

Ⅲ. 직무수행능력 관리

1. 직무수행요건

□ 표준직무 수행요건이란 조직별로 편재된 직무를 수행하는데 필요한 실무능력과 필요지식, 직무적성으로 구성되며 직무가치에 따라 역량의 수준이 결정됨
- 직무수행요건은 표준직무 내용에 근거하여 설정되며, 재무관리 조직의 직무수행요건은 전절(Ⅱ) 2.1에 구성되어 있으며 해당 분야 직무 이해와 직무지식과 실무능력이 숙지되어야 함

1.1 직무가치

□ 직무별로 지향하는 목표의 절대적 가치수준과 성과달성에 필요한 역할과 요구능력의 상대적인 중요도 수준을 지수화 시켜 측정한 데이터로 핵심역량 및 중점직무 분류기준으로 활용됨
- 직무가치를 포괄적인 개념으로 확장하여 직무역량으로 지칭하는 경우도 있으나 직무가치는 직무가 지향하는 목표와 성과의 경제적 가치수준에 중점을 두는 반면, 직무역량은 요구되는 직무능력과 업무행동 요인의 상대적인 충족수준으로 분류되는 개념임
- 직무별로 측정되는 직무가치는 값의 크기에 따라 등급별(1등급 직무부터 6등급 직무)로 구분한 후, 1·2등급 직무는 핵심직

무, 3·4등급 직무는 중점직무, 5·6등급 직무는 일상직무로 분류하여 업무방법과 업무역할을 설정함
- 측정된 직무가치는 수준별로 인적자원을 관리하며, 핵심직무는 차·부장직급이 담당하는 직무로 분류되고, 중점직무는 과장·대리 직급 담당직무, 일상직무는 사원직급이 수행하는 직무로 설정됨

1.2 직무지식과 실무능력

가. 직무지식관리

□ 기업자산과 자본구조 설정, 자금운영 계획수립과 과부족자금의 조달관리, 운영자금 통제·조정과 유동성관리, 영업이익률과 경영수지 관리를 수행하기 위해 다음의 지식이 필요함
- 경영방침과 사업계획 및 투자계획 분석
- 산업성장성과 금융시장 환경 조사·분석
- 운영자금 조달과 배분 및 투자자산 포트폴리오 관리
- 제조원가 분석과 영업이익률 관리
- 재무구조(재무제표, 손익계산서)와 재무정보(수익성, 안전성, 유동성) 분석
- 재무통제·조정과 국제 환리스크 관리

나. 실무능력관리

□ 기업 설립자본과 투자자산의 안전성 및 활동성 관리와 운영자금의 유동성 및 수익성을 분석하여 기업의 지속경영과 사업성장성

관리 능력을 갖추어야 함
- 이를 위해 자산운영 정책수립, 자금조달과 배분 및 운용관리, 자산투자 관리를 위한 재무계획 수립과 자본관리, 재무정보 수집 및 분석능력이 요구됨
- 재무계획 수립과 자산운영관리
  - 자산운용계획 및 자본관리 정책수립
  - 자금조달 방법과 자금운영지침 설정
  - 자본시장 동향분석 및 정보관리
- 투자관리
  - 산업동향 분석과 투자정보 수집·분석
  - 투자자산(증권, 선물, 현물, 부동산) 포트폴리오 관리
  - 자산투자 실적 분석·평가 및 수익성 관리
- 재무정보 관리
  - 자산운용 유동성과 수익성 분석
  - 결산자료(재무제표, 손익계산서) 분석
  - 제품생산원가 및 영업이익률 관리
  - 투자자산 수익률과 활동성(자본회전률) 분석

다. 업무역량과 업무 행동관리

□ 기업의 사업운영 자금과 투자자산 관리를 위해서는 경영·경제 지식과 자산운용 방법, 재무제표분석과 리스크 관리방법, 선물투자와 환거래 및 채권관리 방법, 운용자산 실적분석과 투자수익률 산출에 필요한 업무자질과 태도를 갖추어야 함

Ⅲ. 직무수행능력 관리

□ 업무역량 개발
- 재무계획 수립과 운영자금 및 투자자산 우선순위 관리
- 최적자본 조달방법(규모, 시기, 이율)과 의사결정능력
- 운영자금 유동성과 투자자산 포트폴리오 관리
- 자산운용 실적분석 및 사업 수익성평가
- 국내외 투자정보 수집 및 분석

□ 업무 행동관리
- 통찰력과 분석력
- 신중성과 판단력
- 탐색력과 조정력
- 논리력과 규범성

1.3 조직몰입도 관리

□ 조직몰입도는 조직과 직무역할에 대해 개인의 감정을 반영하는 태도로서 이직률, 결근율, 업무성과, 업무행동, 업무동기에 영향을 미치는 중요한 변수임
- 조직몰입도 직무수행요건에 따라 조직역할의 자율성, 다양성, 정체성, 업무시스템 운영에 영향을 미치는 중요한 관리내용으로 인적자원관리 척도로 활용됨

가. 조직몰입도 관리항목

□ 조직몰입도는 직무별로 요구되는 패턴이 다르나 공통적으로 고객가치 지향, 조직활성화, 업무능력 제고, 업무혁신형으로 구분하여 영향요인별로 적정성 수준을 관리함

[조직몰입도 관리과제]

조직몰입도	관리항목
조직목표추구형	• 리더십 역량, 의사결정능력, 제도 및 시스템 운영방법, 기업과 조직 귀속성이 높음
욕구성취형	• 팀워크, 업무행동 진중성, 역할의 신뢰관계, 목표집중성이 높음
고객가치 지향형	• 지시·명령 이행력, 부서간 협력, 고객 서비스, 표준직무 관리, 기업귀속성이 높음
조직활성화형	• 목표·방침·계획 이해력, 역할의 통제·조정력, 조직분위기 고취, 기업귀속성이 높음
업무능력 제고형	• 능력개발 지향, 성과 및 능력 평가관리, 업무태도 활성화, 일의 집중력을 향상시킴
업무혁신형	• 리더십 역량, 부서간 협력, 조직문화 귀속력, 일의 집중력이 높음

나. 조직몰입도 영향요인

□ 조직몰입도를 관리하여 업무추진력과 성과향상, 팀워크 향상, 업무역량 전문화를 관리함

III. 직무수행능력 관리

[조직몰입행동 관리]

업무행동	업무역할	몰입행동
업무 추진력	리더십	• 조직목표 과제이해와 업무성과관리, 업무방법 지도 및 멘토링 관리와 조직 그룹 활동을 강화시킴
	의사결정 능력	• 경영전략과 경영방침의 이해와 목표관리 방향 설정 및 문제 현안에 대한 의견토론과 의견수렴, 지시·전달 체계의 확립과 공동체 의식을 고취시켜 실행과제를 정립·관리함
	업무시스템 체계화	• 업무규정과 규칙 및 인사제도의 재정비, 인적자원 관리 방법 선진화를 지향함
	지시·명령 체계 확립	• 업무권한과 책임범위 명확화, 위임·전결관리 기준을 준수하면서 인간관계의 조력역할과 업무성과 중심의 역할을 수행하거나 조직문화 및 팀학습 프로그램을 활성화시켜 조직효율성을 향상시키면서 경영혁신과제의 변화관리를 추진함
	통제·조정 역할	• 목표와 실행계획의 명확화, 업무프로세스와 업무방법 명료화, 권한과 책임구분과 리더십 역량강화, 업무 표준화와 시스템화를 통해 실현됨

업무행동	업무역할	몰입행동
업무 집중력	업무행동 집중화	• 업무책임감과 집중력을 향상시키고 조직적응력과 협동성을 관리하여 업무동기 활성화와 삶의 목표를 체계화함
	조직분위기 활성화	• 목표의식과 성과관리 책임강화, 업무자율성과 협동심 향상, 업무방법과 역할의 구체성, 성과와 능력중심의 처우·보상 관리, 경력관리 및 직무능력개발지원을 통해 실현됨
	일에 대한 집중력 향상	• 성장전략 개발과 직무능력 및 업무역량 관리, 업무성과 지향성 향상, 직무표준관리와 업무생산성 관리를 통해 역량 전문화를 촉진함
	기업 귀속성 향상	• 기업성장성과 개인목표 연계성 관리, 직업안정성과 직무능력 전문성 관리, 업무성과 향상, 경력관리 지향

업무행동	업무역할	몰입행동
업무 협동성	팀워크 활성화	• 업무중심 결속력과 사람중심 융화력을 향상시켜 조직 및 업무분야별 책임과 권한의 명확화와 팀그룹 활동을 강화시킴
	조직 신뢰관계	• 그룹 활동의 적극적 참여와 조직 공동체 의식을 고취하여 정서적 일체감을 조성하고 업무가치관을 다원화시켜 포용력을 향상시킴
	조직협력 관리	• 업무표준 관리와 업무프로세스 구축, 업무권한과 책임 명확화 및 조직 공동체 의식강화와 기업문화 관리를 통해 실현됨
	업무태도 활성화	• 조직목표와 성과관리 역할지향성에 따라 자기가치 중심화 성향을 설정하여 업무성과 지향적인 역할과 자기이미지 관리태도를 확립하여 업무동기를 강화함
	조직문화 및 기업이미지 활성화	• 기업의 경영이념, 경영전략 정립, 경영목표의 동질성 확립, 지역사회 문화가치 수용과 조직적 융화관리, 공식적·비공식적 사회공헌활동과 기업이미지 강화역할을 수행함

업무행동	업무역할	몰입행동
업무 목표력	표준직무 관리체계 확립	• 직무가치와 직무역량 수준관리, 직무수행요건관리, 업무시스템 구축과 성과관리 체계확립을 통해 관리환경이 조성됨
	경영목표와 방침관리	• 비전과 경영이념 이해, 경영목표관리와 경영계획실행 기업문화 활성화를 통해 관리환경이 조성됨
	능력개발	• 삶의 목표와 비전이 확립되고 역량전문화 방향이 설정된 후 업무수행능력을 평가하고 능력개발 과제와 수준을 분류하여 교육연수 프로그램, 학점이수제 및 팀학습 과정을 활용하여 학습함
	업무역량 평가	• 업무성과관리와 우수한 인적자원으로 성장하기 위해 직무능력, 수행역할, 업무태도에 대한 평가, 직무적성과 적응력을 점검하여 역량개발 방향과 교육훈련 및 경력관리과제를 설정함
	커뮤니케이션 활성화	• 업무목표와 성과관리 역할의 지향과제를 설정하여 커뮤니케이션 메시지를 구축하고 정보시스템별로 공동체 의식을 함양시킴

III. 직무수행능력 관리

2. 직무능력 학습

□ 기업자본과 자산 및 운영자금관리를 위해서는 재무계획 수립, 자금조달과 배분관리, 재무분석(수익성, 안전성, 유동성, 영업이익, 제조원가) 및 재무정보관리 직무능력을 갖추어야 함
  - 사업(경영, 투자)계획에 따른 예산편성, 운영자금 조달과 배분 및 통제·조정, 재무정보 수집과 결산자료 및 사업성과 분석 능력의 학습
  - 자산투자관리를 위한 국제금융시장 환경과 환율변동 모니터링, 국제금융관계 법률과 선물·주식·채권·외환거래 규정 및 리스크 관리능력 학습

[이론 및 실무지식 학습과제]

이론지식	실무지식
・회계원리 및 재무관리론	・예산편성 및 자금운용계획 작성
・계량경제학 및 투자론	・국내·외 자금조달 및 운영관리
・경영성과 및 경영수지 분석	・자산운영 실적분석과 성과평가
・관리회계 및 목표원가관리	・투자자산 포트폴리오 관리
・화폐금융론 및 리스크관리론	・대차대조표 및 손익분기점 분석

□ 실무능력 학습방법
  - 인턴학습

- 회계조직, 경리조직 또는 세무사 및 공인회계사 사무실에서 실무학습
• 사례내용 학습
  - 회계연도별 결산자료 및 경영분석 자료 활용 실무학습

3. 학습내용 평가

문1. 조직에 편재된 표준직무의 수행요건(능력) 항목이 아닌 것은 무엇입니까?

① 직무지식　　② 실무능력　　③ 업무방법
④ 업무행동　　⑤ 권한과 책임

문2. 조직에 편재된 표준직무 가치를 적절하게 표현한 내용은 무엇입니까?

① 조직(부서)의 상대적인 중요도를 구분한 것
② 직무가 지향(내포되어 있는)하는 목표와 성과의 경제적 가치수준
③ 조직원들의 역할을 구분하기 위한 분류기준
④ 직무수행요건을 설정하기 위해 임의적으로 구분되는 분류단위
⑤ 계층별로 담당하는 역할을 구분하는 단위

문3. 표준직무 수행에 필요한 전문지식으로 분류되지 않는 내용은 무엇입니까?

① 기업자산과 자본구조 설정　　② 자금운영 계획과 과부족자금 조달관리
③ 영업이익률과 경영수지 관리　　④ 표준직무 가치 설계
⑤ 운영자금 유동성 관리

문4. 표준직무 수행에 필요한 실무능력으로 분류되지 않는 내용은 무엇입니까?

① 자산운영 정책수립　　② 적정인력 산정
③ 결산자료 분석　　　　④ 자본시장 동향분석
⑤ 투자자산 수익률과 활동성 분석

문5. 재무관리 조직의 표준직무를 효율적으로 수행하는데 필요한 업무역량 개발과제가 아닌 내용은 무엇입니까?

① 미래 산업예측과 분석방법　　② 논리적인 사고력과 판단력
③ 목표추진력과 탐색력　　　　④ 업무이해력과 수용력
⑤ 업무통찰과 규범성

문6. 직무수행에 필요한 업무행동에 대한 설명으로 적절한 내용이 아닌 것은 무엇입니까?
① 담당직무 수행과 조직문화에 최적화된 마음가짐과 업무자세
② 조직 활동에 표준적으로 요구되는 업무자세
③ 담당직무를 생산적이고 효율적으로 실행하는 업무태도
④ 직무수행 과정에서 조직원이 공통적으로 나타내는 표준적인 행동패턴
⑤ 직무수행 역할과 방법을 과정별 상징적으로 표현하는 개념

문7. 일반적인 관점에서 직무적성을 선천적인 우월성으로 표현하는 경우도 있는데, 구성요소들이 가장 적절히 분류된 것은 무엇입니까?
① 독창성, 창의성, 탁월성
② 분석력, 기획력, 논리력
③ 책임감, 추진력, 해결력
④ 탐색력, 리더십, 실행력
⑤ 목적성, 성취력, 예측력

문8. 직종·직렬의 분류단위 중 일반적으로 기획직렬에서 가장 필요로 하는 조직몰입행동의 패턴은 무엇입니까?
① 욕구성취형
② 고객가치 지향형
③ 조직활성화형
④ 조직목표추구형
⑤ 업무능력제고형

문9. 직종·직렬의 분류단위 중 일반적으로 관리직렬에서 가장 필요로 하는 조직몰입행동의 패턴은 무엇입니까?
① 욕구성취형   ② 고객가치 지향형   ③ 조직활성화형
④ 조직목표추구형   ⑤ 업무능력제고형

문10. 직종·직렬의 분류단위 중 일반적으로 영업직렬에서 가장 필요로 하는 조직몰입행동의 패턴은 무엇입니까?
① 욕구성취형   ② 고객가치 지향형   ③ 조직활성화형
④ 조직목표추구형   ⑤ 업무능력제고형

Ⅲ. 직무수행능력 관리

문11. 직종·직렬의 분류단위 중 일반적으로 생산직렬에서 가장 필요로 하는 조직몰입 행동의 패턴은 무엇입니까?

① 욕구성취형　　　② 고객가치 지향형　　　③ 조직활성화형
④ 조직목표추구형　⑤ 업무능력제고형

문12. 조직몰입행동 활성화 방법으로 영향력이 낮은 항목은 무엇입니까?

① 업무성과지향　　② 업무추진력　　　③ 업무집중력
④ 업무협동성　　　⑤ 업무목표력

문13. 직무능력개발을 위한 학습방법으로 가장 적절한 내용은 무엇입니까?

① 대학교재 등 이론서 중심으로 학습
② 동일직무분야 인턴경험에 의한 업무방법 중심학습
③ 관련분야 기초지식과 동일직무분야 경험 및 사례학습
④ 다양한 직무분야의 인턴경험
⑤ 다양한 분야의 전문서적 및 연구논문으로 학습

문14. 실무능력개발 효과가 나타나지 않는 역할은 무엇입니까?

① 미래산업 발전모델 조사 및 분석
② 사업성과 분석 및 평가
③ 생산공정 및 제품품질 분석
④ 마케팅전략과 고객행동 분석
⑤ 사업성 검토와 예산분석

Ⅳ. 핵심직무 실무능력개발

1. 예산운영관리 직무

1.1 예산집행 계획수립

□ 사업부문별로 편재된 예산은 각 분기별 집행계획을 수립하되 사업 실행 효율성과 자금수지계획을 검토하여 월별 및 분기별로 작성함

□ 예산집행계획 작성요령
- 각 예산책임자에게 서식 및 작성요령을 통보
- 예산운영 순서에 맞게 작성되었는지 구성항목을 검토
- 예산항목과 예산소요계수가 정확하게 기재되었는지 확인
- 예산항목이 세부산출기초의 예산편성안과 동일, 또는 기준 이하인지 종합적으로 검토·조정
- 검토된 예산지출 항목별 계수를 확정하여 입력
- 주요사업별로 세부내역의 소요예산을 요약·집계하여 예산집행계획보고서를 작성

[예산집행 계획수립 절차]

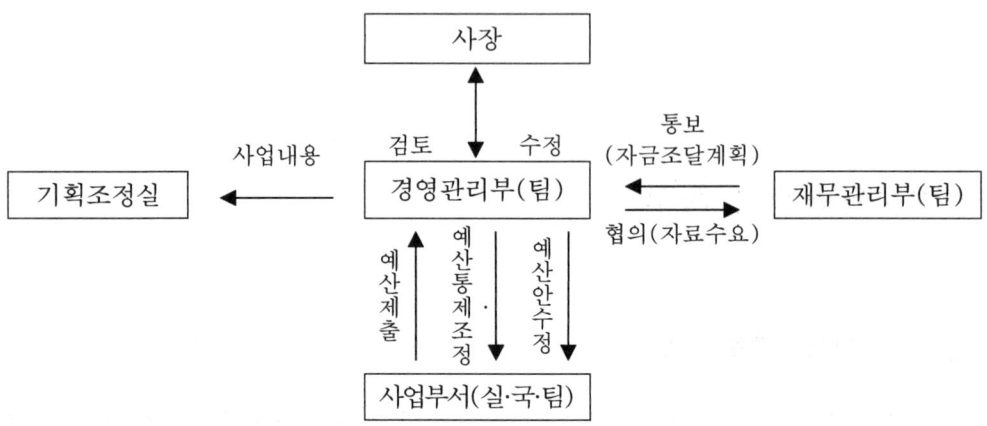

- □ 예산집행 운영계획은 배정된 예산의 범위에서 집행 가능한 내용으로 수립함
  - 각 사업부문별로 작성된 예산집행 계획서를 취합(집계)하고 종합적인 자료운영 내역과 수지균형을 심의하여 운행예산으로 확정 후 집행함
  - 운영예산은 자료운영계획에 따라 집행하고 분기별로 계획 내용과 예산집행 결과 확인 또는 적정성을 검토함

1.2 예산집행관리

- □ 예산집행은 계획서에 따라 예산을 분기별로 배정하여 집행하고 사업계획이 조정될 경우 추정대차대조표와 손익계산서 및 자금(예산)운영계획서도 조정하여 승인 후 예산을 집행함
  - 예산집행 과정에서 사업수익성이 감소될 경우에는 지출예산을 긴축하여 운용함

- 예산집행계획에 따라 예산을 집행하되, 배정예산이 부족할 경우 추가예산 배정을 요청하여 승인된 예산을 집행함
□ 예산집행 관리내용
  - 예산집행 내용을 기록
  - 예산집행 보고서(내부) 작성
  - 예산 변동사항(집행항목 변동, 예산금액 변동) 수정관리
  - 공사 등의 사업예산은 계약서에 근거하여 예산집행
  - 사업운영 관리 소요예산은 예산집행(지출) 금액으로 관리
  - 원부자재 등은 구매(원재료) 예산과 비용(소비) 예산으로 구분하여 관리

가. 예산집행 기록관리

□ 예산집행 내용을 사업(분야)별 집행시기(시계열)별로 예산관리대장에 기록하여 예산운영 실태를 점검·분석하여야 함
  - 배정된 예산을 목적 외 또는 초과하여 집행할 수 없으며, 사전에 예산집행 승인을 받아서 집행되어야 함
  - 사업(부서)별로 배정된 예산에서 월별 예산집행 계획을 제출 받아 당초 분기배정 목적에 어긋나는 경우나 자금사정에 따라 변동조정 한 후 각 예산책임자에게 전달하여 예산을 집행토록 관리함
  - 예산의 집행에 있어서는 반드시 지출원인 행위결의서 또는 내부결재(품의서)에 예산사용 과목, 예산금액이 기재되어야 함

Ⅳ. 핵심직무 실무능력개발

나. 예산전용 및 수정

□ 편성된 예산은 사업계획에 따라 집행하되 직제개편 및 사업이 조정된 경우에는 예산운영의 탄력성을 위해 예산편성 임원(예산승인절차)의 승인 후 예산집행계획을 수정 및 전용하여 사용함

- 예측불가능 상태 발생으로 추가적인 예산집행이 필요할 경우에는 결재(사장, 임원)된 예비비를 사용하거나 예산편성 절차에 따라 추가 경정예산을 편성하여 사용할 수 있음
- 월별 또는 분기별로 배당된 예산이 집행되지 아니하였거나 보류된 때에는 이를 회수하고 연간 예산집행계획을 조정함
- 각 예산책임자는 서식에 의거 매 분기 배정예산에 대한 집행실적 및 차이분석표를 분기종료 후 10일까지 작성하여 보고함

다. 예산의 이월관리

□ 해당연도 예산은 해당연도 집행하되 사업환경과 업무여건 변화로 집행되지 못한 예산은 사유가 명확할 경우 차기년도로 이월하여 집행 가능함

- 전년도 이월예산(예산항목별)은 해당연도에 예산 항목별로 집행은 가능하나 예산을 전용하거나 차기년도로 이월할 수 없음

1.3 예산통제 · 조정관리

□ 사업계획과 사업분야별로 편성된 예산은 해당부서별로 소관예산을 운영하되 재무관리 부문에서 승인예산의 집행 및 관리를 통제·조정함

- 통제는 예산집행의 사전 통제와 예산집행 기간 중 통제를 원칙으로 하며, 실행예산의 내용에 따라서 집행을 통제하고 필요예산이 실행예산에 성립되지 않았을 경우에는 예산전용 또는 추가편성을 검토함

□ 예산 통제·조정과제
- 예산방침과 사업 활동목표 조정
- 기본 소요예산 편성 및 운영과 경제적(수입·지출) 변동요인 반영
- 종합예산 편성 및 운영과 실제원가 변동성 반영
- 실행예산 편성과 실행예산 배정 및 품의와 승인통보
- 예산관련 품의 및 문서에 대한 예산검토 및 통제
- 회계(경리)부서에서 요하는 회계전표 및 지출품의에 대한 예산 통제필 확인
- 예산집행 내용의 검열확인 및 지도
- 예산집행 실적 종합평가 및 분석보고

□ 예산집행 상의 통제방법은 금액통제, 물량통제, 원단위 통제 및 예산과목통제로 구분하여 통제함

□ 예산통제 방법
- 배정예산 및 월별 집행계획 계상 여부와 내역별 적정성
- 사업별 표준원가계산 적합여부 및 계획의 충실성
- 예산사용 과목별 사용예산의 목적 부합성
- 예산집행 계획과 사업 성과관리 적합성
- 단가적용의 합리성과 종합예산 관리에 필요한 사항
- 손익예산의 수익률과 비용의 적정성

- 자본예산과 구매예산의 균형성
- 자금예산과 종합예산 배분율과 조달성
- 사업별, 목적별 예산운영 효과

2. 원가관리 직무

2.1 원가관리과제

□ 원가관리는 제품생산(원·부자재비, 영선비, 동력비) 원가와 판매(영업비, 물류비, 광고·홍보비) 원가의 직접비용과 노무비 및 일반경비 등의 간접비용을 적정수준으로 관리하여 영업이익률 향상을 추구함

- 원가관리의 목적은 제품경쟁력 향상 조건에서 원가절감을 추구하며, 목표원가 및 표준원가 최적화 관리를 위해 역할의 효율화와 생산성을 관리하는 것임

[원가관리 개념정립]

구분		개념(용어정의)
직접원가		• 제품단위별로 생산 및 판매활동에 직접적인 역할 또는 영향요인 항목에 소요(투입)된 비용(합)
간접원가		• 직접원가의 투입(소요)역할(생산, 판매)을 지원하거나 간접원가 고유의 역할에서 직접원가 투입요소에 포괄적 또는 일정한 부문 영향을 미치는 비용
고정원가		• 영업이익 실현에 직·간접적인 영향력을 행사하지 않으나 영업 및 생산활동의 근간이 되는 역할에 소요되는 비용의 일정비율
실제원가		• 영업이익 실현에 실제적으로 투입(생산 및 판매)된 비용(직접 및 간접원가)의 총합
표준원가		• 재화의 가치(영업이익) 실현에 표준적으로 투입(생산 및 영업활동)되는 비용(직·간접원가)의 기본 관리단위
목표원가		• 표준 및 실제원가의 토대위에서 실질적(현실)으로 관리하고자 하는 투입비용의 기본단위
원가분석	기간비교	• 동일한 조건으로 설정한 생산 및 판매활동 비용(원가)을 월, 분기, 회계연도별로 비교·분석하는 방법
	상호비교	• 비교의 대상을 동종업계 또는 경쟁기업과 비교하여 원가의 증감현황을 분석
	표준비교	• 목표원가 또는 표준원가와 실제 투입된 원가의 증감현황을 상호 비교분석
	추세법	• 원가변동현황을 시계열별 추세에 따라 증감현황을 분석함
	구성비율법	• 직접 및 간접원가와 고정비용의 구성항목별로 증감현상을 분석(비교, 시계열별)함

IV. 핵심직무 실무능력개발

[원가관리 항목(계정과목)]

계정과목		적용대상
재료비	원자재	제품의 제조를 목적으로 소비되는 물품 중 소재상태의 재료로써 TUBE, 환봉, 알루미늄과 철판 등
	구입부분품	제품의 제조를 목적으로 소비되는 물품으로써 제품에 부착하여 제품의 일부를 형성하는 재료(단조품, 주물소재 및 부착 제조되는 부품)
노무비	임금 및 수당	생산직 사원의 제급여 및 수당(직접노무비)
	급여 및 수당	사무직 및 기술직 사원의 제급여 및 수당(간접노무비)
	상여금	정액 상여금 및 인센티브 보상액
	연월차수당	월간 및 연간 근속근무에 대한 보상임금
	퇴직충당금	연도별 퇴직급여충당금 설정액
경비	유료연료비	연료용 유류, 기계작동유, 절삭유, 연삭유, 방청유, 윤활유, GAS류 등
	소모공구비	소모성 공구
	소모잡품비	화공약품류, 도장용 부자재, 소모성 잡품류
	수리비	기계수리비, 동력수선용 자재
	영선비	건물 및 구축물에 대한 비용
	전력비	동력용 전기요금
	감가상각비	유형 고정자산의 감가상각비
	임차수수료	임차설비에 대한 임차료
	복리후생비	사원의 피복, 식당경비, 경조금 등 복리에 관한 비용
	포장비	제품의 보호를 위해 사용되는 각종 포장류
	외주가공비	사급 자재류 공급에 의함 임가공비
	실험연구비	외부기관에 의뢰하는 각종 시험분석비 및 시험재료구입비
	기술지도료	타사와의 기술 계약에 의해 지불되는 각종 비용

[직·간접원가 분류표]

부문별	부서		역할(원가요소)
생산부문	생산직접원가	생산부	생산공정	• 가공, 조립
			생산2공정	• 가공, 조립
			생산3공정	• M/C가공, W/C가공, C/A조립 • PRESS가공
보조부문	생산간접원가	기술부	기공과	• 기공반
			공무과	• 치공구, 보전, 공무, 제관
			동력과	• 전기계
		품질보증	• 수입검사, 측정실, 공정검사
		생산관리	• 재고관리계, 공정계
		기 타	• 영업계, 기타
	생산고정비	• 생산관리부		
		• 제조부		
		• 생산기술부		
		• 품질보증부		
		• 연구소		
		• 구매부		

IV. 핵심직무 실무능력개발

[원가관리 SYSTEM]

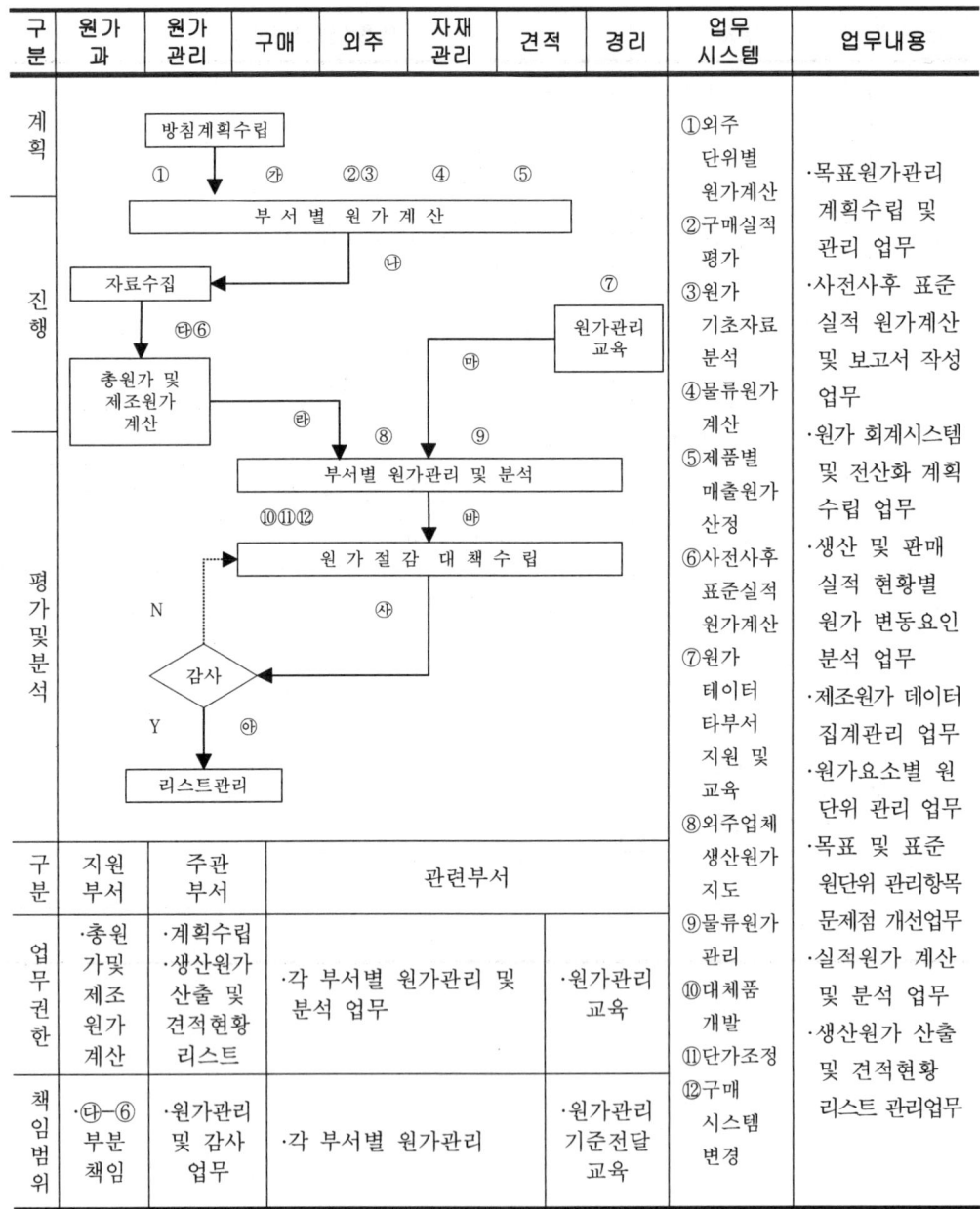

2.2 원가계산

□ 원가는 요소별(투입단위/계정과목), 부문별(분야, 역할), 제품별로 계산하거나 종합원가로 계산하여 원가관리 방향을 설정하거나 재무분석 기초자료로 활용함

- 원가계산 주기는 표준화된 생산 및 판매 관리 시스템에서는 표준원가 대비 실제원가 변동현황을 월간단위로 집계하여 현황을 분석함
  - 생산(품목, 수량) 및 판매방법(유통기간, 물류경로)이 비표준 상태이거나 표준으로부터 빈번하게 변화될(주문 생산과 판매) 경우에는 변화되는 주기별로 실제원가를 계산함

가. 요소별 원가계산

□ 원가요소는 재료비, 노무비, 경비로 분류하여 계산하되 실제원가 계산은 직접비(재료비, 노무비, 경비), 간접비(노무비, 경비), 고정비(노무, 경비)를 세분화하여 산정함

□ 재료비 계산

- 재료소비량의 계산은 계속기록법(사용량)으로 하되 파이프라인의 액체원료 등 소비량을 계속기록법을 사용하기 곤란한 재료는 재고실사법으로 함
- 재료의 소비(사용)가격은 매입단가로 계산하되 동종재료의 매입단가가 차이가 날 경우에는 재고자산 관리방법(선입선출, 후입선출, 총평균법) 중에서 회계처리기준과 동일한 조건으로 계산함

Ⅳ. 핵심직무 실무능력개발

[재료비 원가구성]

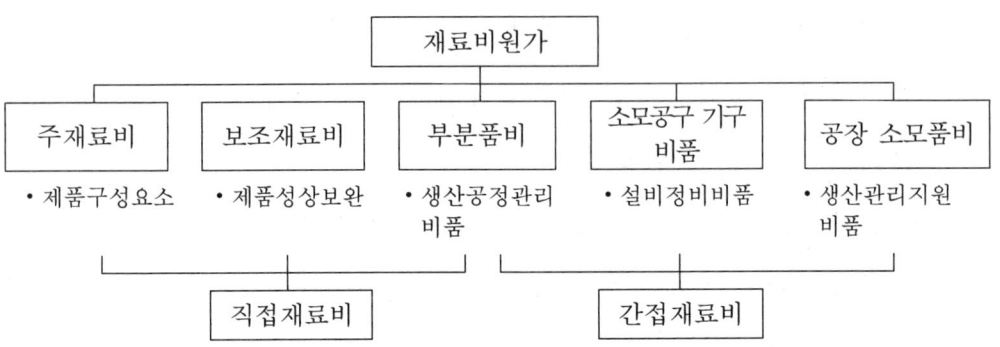

[재료비 투입단위 산출]

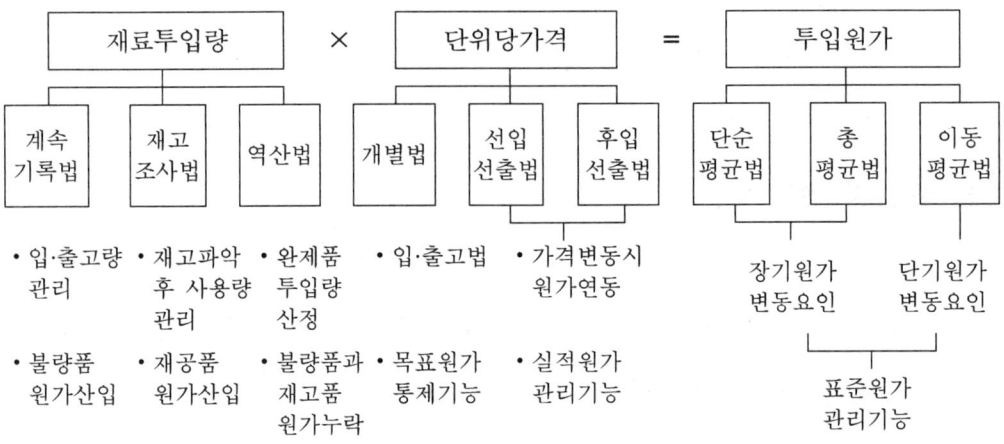

□ 노무비 계산

- 노무비는 원가계산 기간의 지급액으로 계산하되 산출량에 따라 변화되는 변동비 항목과 산출량에 영향을 받지 않는 고정비로 구분하여 계산함
- 임금 및 수당, 급여는 해당 월분 또는 발생한 실제액(투입대비 산출량의 평균값)으로 계산함

- 상여금, 연월차 및 퇴직금은 해당 기간 내에 발생한 금액을 월할 계산하여 배부함
- 일용(인턴) 노무비는 실제 작업시간에 실제 노무비를 배부하여 계산함

[노무비 투입단위 산출]

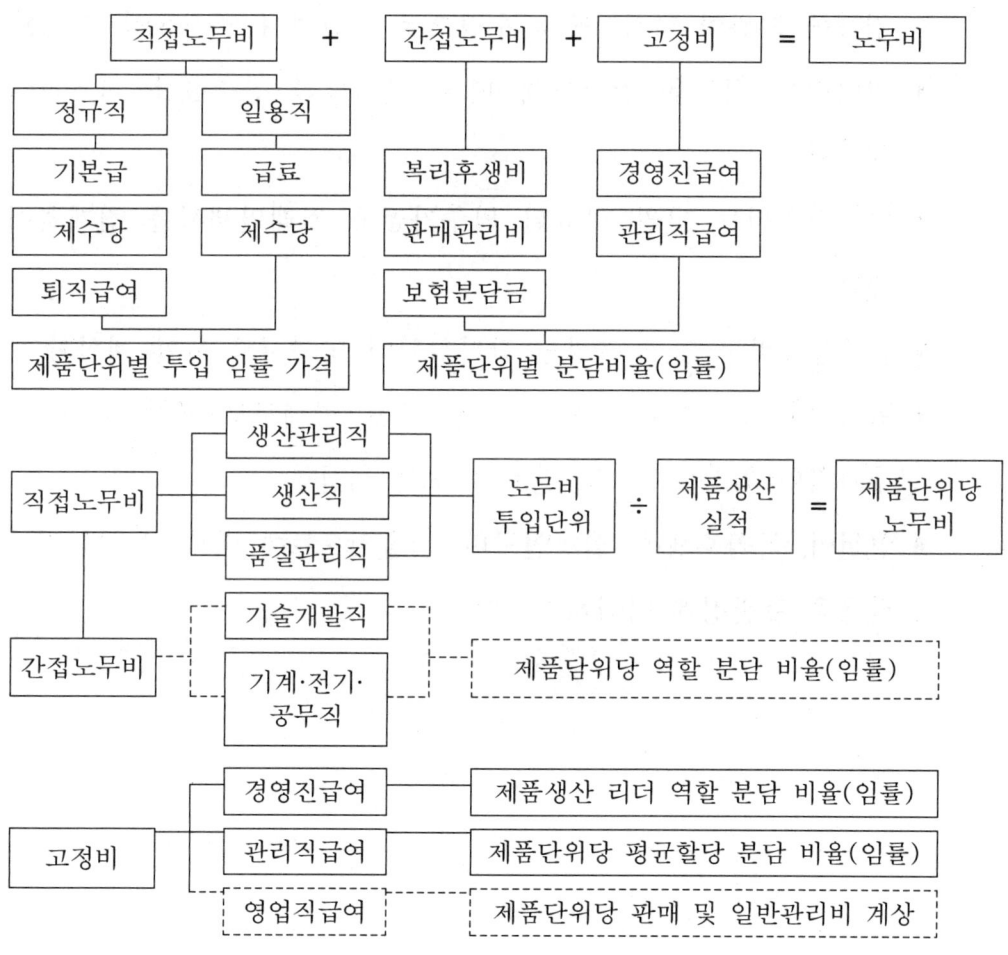

IV. 핵심직무 실무능력개발

□ 경비 계산

- 경비는 원칙적으로 해당 원가계산 기간의 실제 발생액으로 계산함
- 수개월 또는 사업연도 별로 소요비용을 총괄적으로 계산한 경우에는 달로 나누어 분할 계산함
- 유류연료비, 소모공구비, 잡 소모품비, 수리비, 포장비는 대체전표에 의하여 단가×불출 수량으로 계산하여 일계표에 집계함
- 전력비는 월사용 전력량에 따른 전기요금 산출표를 적용하여 계산함
- 외주가공비는 당월 입고된 외주가공품 거래명세서를 집계하여 계산
- 감가상각비는 연초 작성된 감가상각비 명세서로 월할 계산함
- 임차수수료는 연초 작성된 임차수수료 명세서로 월할 계산하며 추가적인 임차수수료도 달로 나누어 계산함
- 영선비, 복리후생비, 실험연구비, 기술지도료에 대하여는 월 발생비용을 총괄집계 마감하여 계산함

[경비 투입단위 산정]

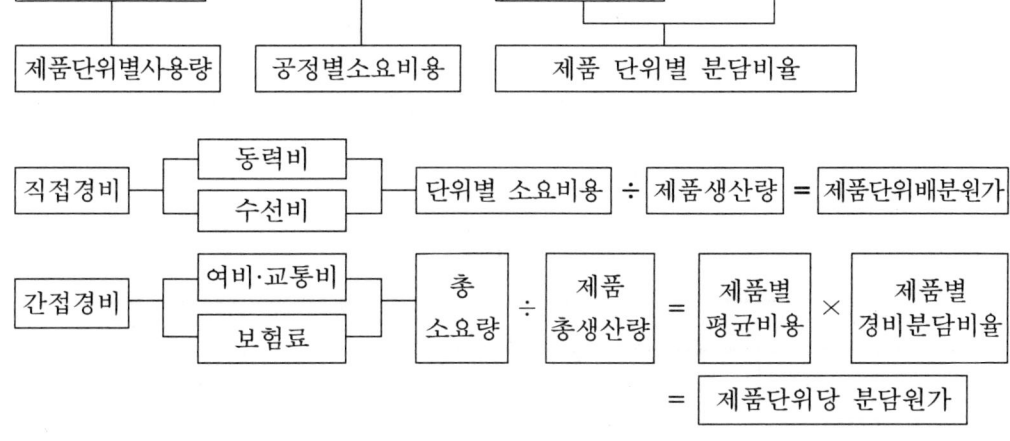

나. 부문별 원가계산

□ 부문별 원가는 생산 및 판매역할의 분야별로 계산하되 역할의 수준에 따라 직접적인 교환가치 생산(제품, 서비스) 및 판매활동에 관여하는 직접원가(개별비용)와 가치생산 및 판매활동을 간접적으로 지원하거나 협력하는 간접원가(공통비용)로 구분하여 계산함

- 부문별 직접원가는 원가발생액을 해당 부문에 직접부과하고 부문별 간접원가는 일정한 배부기준(영향력 크기)에 따라 각 부문에 배부함

Ⅳ. 핵심직무 실무능력개발

[부문별 원가계산 단위]

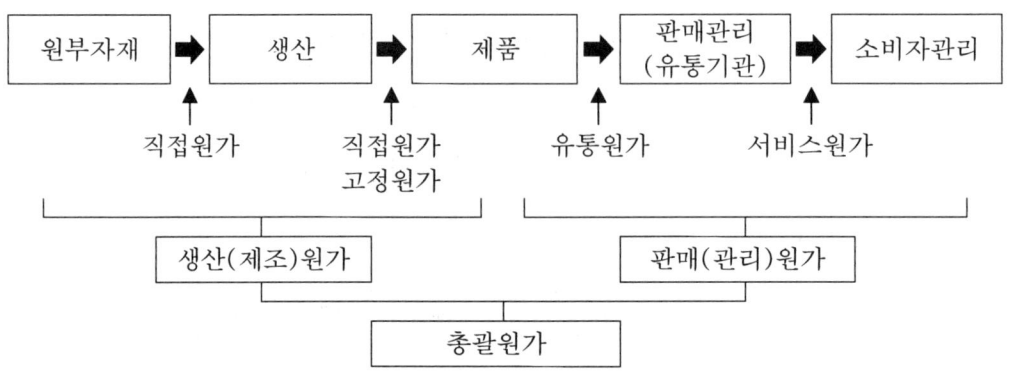

[부문별 원가관리 요소]

고정비	재료비	노무비	제조경비
• 경영관리비용 -관리자의 관리성향 -생산정책 참여율 • 사업투자비 -고정자산배분율 -감가상각배분율	• R&D 비용 -제품과의 관련성 -제품설계·시험생산 원단위 • 원재료비 -생산Loss 관리 -생산표준화 관리 -품질수준 관리 • 재고관리비 -가격변동 추세관리 -수요와 공급시스템 관리 -재료회전율 관리	• 고정비용 -제품과의 부분 관련성 • 직접노무비 -직무, 작업단위당 노무비 -업무준비, 대기, 로스 시간당노무비 -근무방법(정상, 잔업, 특권)별 노무비 • 간접노무비 -역할분담 비용 -직·간접 기여도 분담 비용	• 연구개발 지원비 • 생산설비 운전비 -직접생산비 -설비감가상각비 -설비기능 유지·관리 (정비)비 • 생산공정 관리비 -생산품질 검사비 -생산기술 지도비 -외주생산품질 관리비

다. 제품별 원가계산

☐ 원가요소를 제품별로 집계하여 제품별 단위 원가를 산출함

□ 제품별 원가계산 기준

- 제품별로 발생되는 재료비, 외주가공비는 제품별로 직접 집계함
- 부문별로 집계되는 노무비와 경비 항목은 각 부문별 제품 기여도 (제품별 작업시간표)에 따라 배부하여 부문별, 제품별 생산원가로 집계함
- 제품별로 집계된 생산원가에 기초재공품, 기말재공품을 가감하여 제품별 생산원가를 계산함
- 기초재공품, 기말재공품은 재공품에 포함된 소재비에 가공비를 가산하여 계산함
- 제품별 생산원가는 제품규격별 생산수량과 표준공수별 생산원가를 배분하여 제품별, 규격별 생산원가를 산정함

[제품원가 구성 요소]

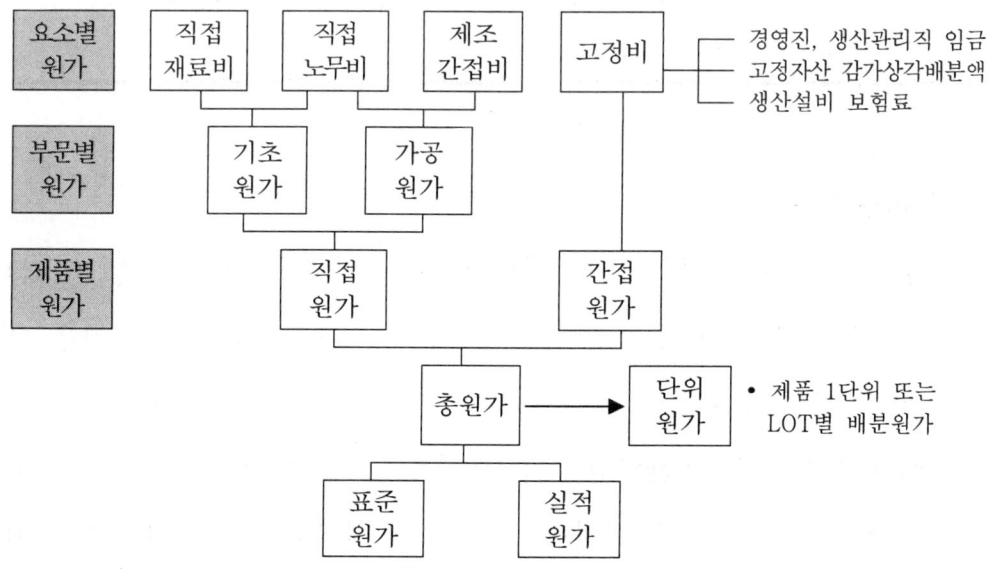

IV. 핵심직무 실무능력개발

[제품원가 구성개념]

관리단위	기본개념
직접재료비	제품생산에 소요되는 재료, 첨가물 등의 구입 및 관리비용
직접노무비	제품생산, 품질관리, 기술개발, 생산관리 역할을 수행하는 조직원의 급여비용
제조간접비	제품생산설비 및 시험장비 운전 에너지 비용, 성능유지에 필요한 예방점검 및 정비, 수리에 소요되는 비용
직접원가 (변동비)	제품생산에 직접 소요되는 비용으로 생산량에 비례하여 변동되는 원가로서 변동비로 지칭될 수도 있음
고정비 (간접원가)	관리직 급여, 생산설비 감가상각 등 제품생산 활동과 무관하게 일정한 범위로 발생되는 비용
실적원가 (사후원가)	생산제품 단위별 또는 생산기간별로 제품생산에 투입된 원가의 총합계
표준원가 (사전원가)	일정기간 발생된 제품생산 실적원가의 평균값 또는 계획원가를 표준원가로 설정한 후 이를 기초로 목표원가 또는 실적원가를 관리하는 기준원가

라. 사전원가 계산

☐ 신제품 개발 및 개발계획 제품의 경쟁력(제품, 기술, 시장, 가격)과 시장성장성 예측 또는 주문생산품의 견적을 의뢰 받은 경우 사전원가를 계산함

- 개발계획 및 생산의뢰 제품에 대한 요청 및 규제되는 생산 또는 기술적 조건에 따라 발생될 것이 예측되는 원가요소의 투입량과 단위원가로 계산함

[사전원가 계산과제]

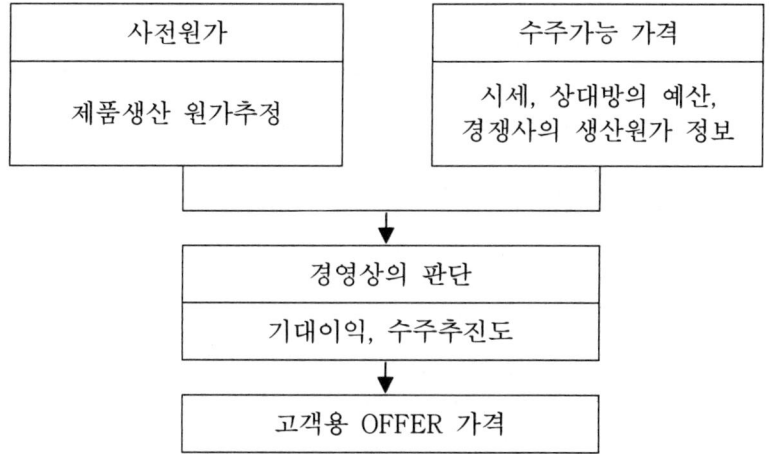

IV. 핵심직무 실무능력개발

[사전원가 계산 프로세스]

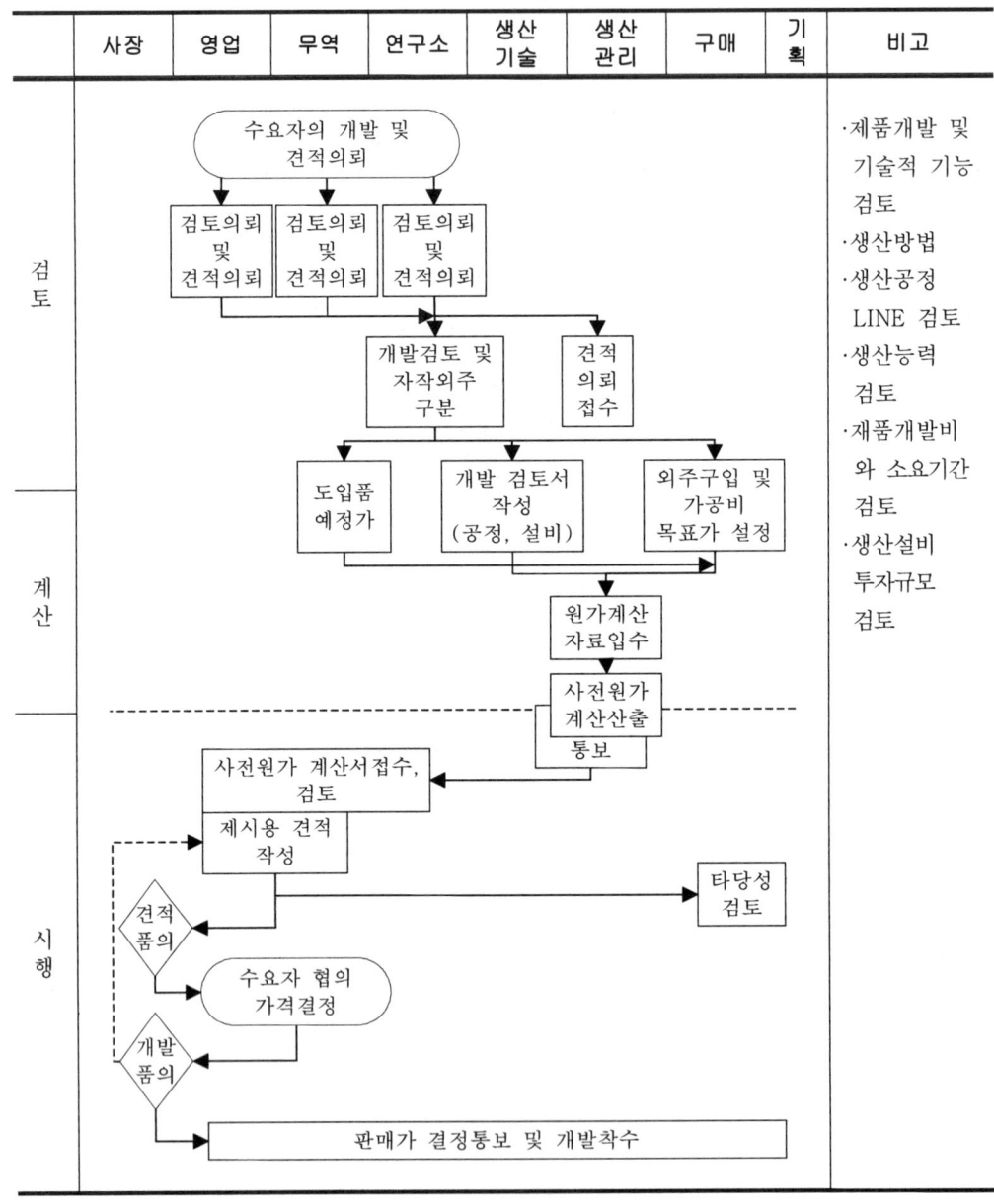

2.3 표준원가관리

□ 제품의 효율적인 원가관리를 위하여 표준과 실제를 비교하여 그 차이를 분석함으로써 원가관리의 자료로 이용하며 제품 원가산정의 간소화, 신속화를 위해 표준원가를 산정함

- 현상의 제조방법을 기준으로 과학적, 통계적 데이터에 의해 표준수량, 표준가격으로 결정되는 원가로서 실제원가 관리가 가능한 작업조건으로 계산된 원가임

가. 표준원가 산정

□ 직접재료비 산정

- 표준 직접재료비는 직접재료의 종류별로 제품단위 당의 표준 소비량과 표준가격으로 산정함
  - (표준 직접재료비 = 표준소비량 × 표준가격)

□ 직접노무비 산정

- 생산작업의 단계(공정흐름)마다 제품 단위당의 표준시간과 표준 임률을 정하고 이를 곱하여 산정함
  - (표준 직접노무비 = 표준작업시간 × 표준임률)

□ 표준경비 산정

- 실적데이터를 기초로 단위당 표준작업시간에 의한 표준배분율을 산정한 후 생산경비 항목별로 합계하여 산정
  - 표준감가상각비는 제품 단위당 표준작업시간에 대한 단위 시간당 상각비를 적용시켜 산정

나. 원가차이 분석

□ 직접재료비 분석

- 직접재료비 차이는 일정기간 동안 실제 사용된 직접재료비와 표준 직접재료비의 차이를 가격차이와 수량차이로 구분하여 분석함
    - 직접재료비 차이=표준 직접재료비 - 실제 직접재료비
    - 가격차이=(표준가격 - 실제가격) × 실사용량
    - 수량차이=표준가격 × (표준사용량 - 실사용량)

□ 직접노무비 분석

- 직접노무비 차이는 일정기간 동안 실제 투입된 직접노무비와 표준 직접노무비의 차이를 임률차이와 작업시간 차이로 구분하여 분석함
    - 직접노무비 차이=표준 직접노무비 - 실제 직접노무비
    - 임률차이=(표준 임률 - 실제 임률) × 실작업시간
    - 작업시간차이=(표준 작업시간 - 실제 직업시간) × 표준임률

□ 생산경비 분석

- 생산경비 차이는 일정기간 동안 실제 발생된 경비와 표준제조경비의 차이를 분석
    - 제조경비 차이=표준 제조경비 - 실제 제조경비

3. 고정자산관리 직무

3.1 고정자산 관리체계

- □ 고정자산이란 사업수행에 필요한 토지, 건물, 기계장치 등과 같이 일정 기간(사용 가능 횟수)동안 사용목적과 기능의 변화 없이 반복적으로 사용하기 위해 취득되는 동산(기계장치 등)과 부동산을 말함
    - 고정자산관리란 고정자산의 취득·관리·사용·처분에 이르는 일련의 관리과정으로 사용목적에 따라 적정하게 관리 운용하여 자산의 활용 효과를 극대화하고 관리유지 운영비의 최소화를 지향함

[고정자산 관리체계]

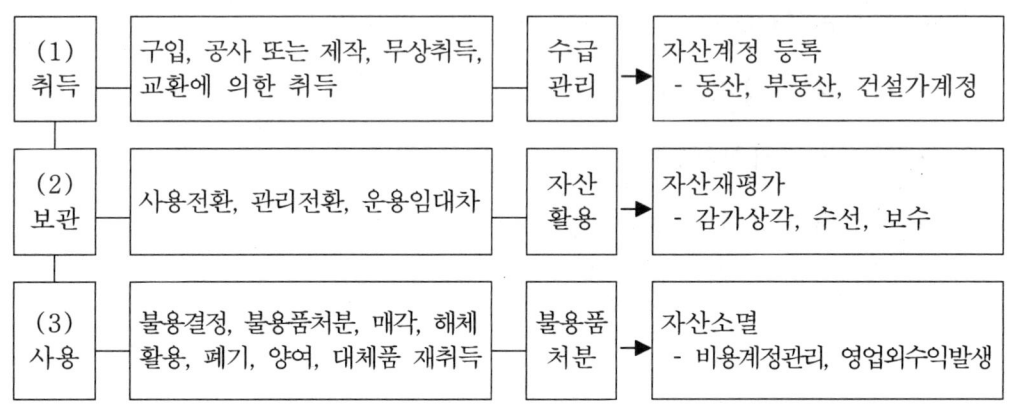

- □ 고정자산은 내용연수(사용가치 존속기간) 1년 이상, 자산가치 10만원(기업별 차이 존재)이상 자산을 대상으로 자산의 성질, 성능,

활용성 등의 중요도를 검토하여 분류함
- 고정자산의 분류는 자산의 특성에 따라 매 품목별, 용도별, 기능별로 분류번호를 제정하여 자산의 증감, 이동 및 변동사항 관리를 용이하게 함
  - 고정자산 분류번호는 계정과목별, 조달연도별 일련번호와 대상별, 용도별 분류번호를 지정

□ 고정자산 관리대상(자산과목 코드)
- 토지(01)
- 건물(02)
- 구축물(03)
- 기계장치(04)
- 공구와 기구(05)
- 차량운반구(06)
- 사무비품(07)
- 전산·통신장비(08)
- 무형고정자산(09)
- 건설가계정(10) 등

[고정자산 분류번호 구성]

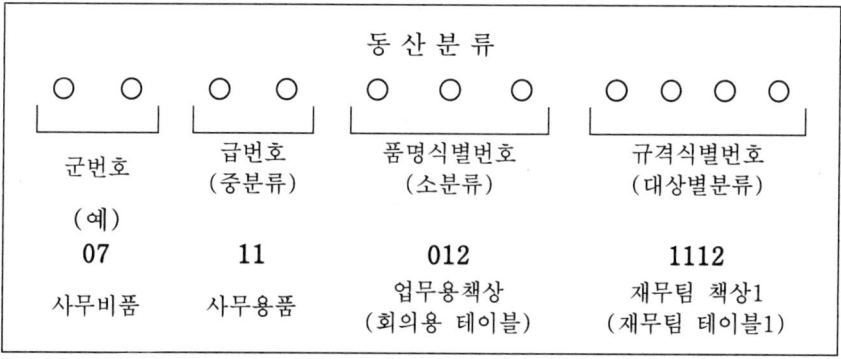

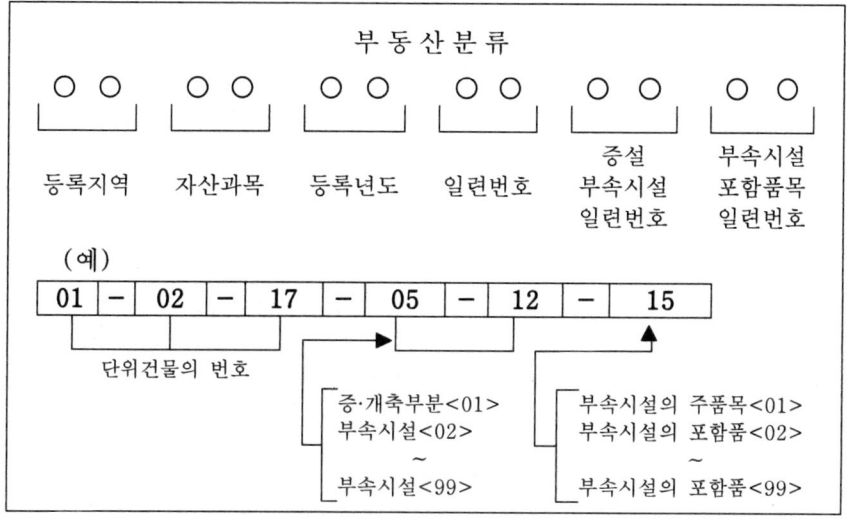

3.2 고정자산 취득

□ 고정자산의 취득은 신축, 개조, 구입, 교환, 증여에 의해 소유권 또는 권리권이 획득된 경우임

□ 고정자산 취득가액

- 구입에 의한 것은 구입 가격에 부대비 및 설치비를 가산한 금액
- 공사 또는 제작에 의한 것은 그 원가 및 설치비를 가산한 금액

Ⅳ. 핵심직무 실무능력개발

- 무상취득 또는 재활용을 위하여 취득한 자산은 그 정당한 평가액
- 교환에 의하여 취득된 자산은 양도자산의 장부가액에 교환 자금 및 부대비를 가감한 금액

[부동산 취득절차 및 등기]

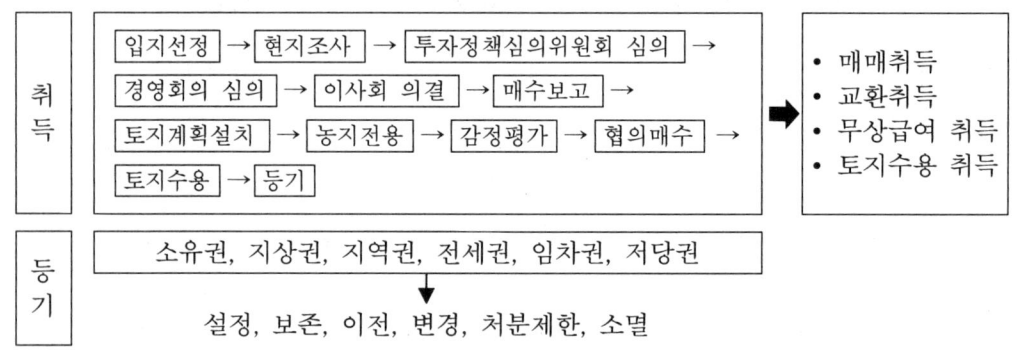

[토지수용 절차(지구단위 개발)]

절차과정	처리내용
사업인정 신청	• 도시계획설치 및 동사업 시행허가 및 승인(관계 시·군·도시관)
협의	• 토지소유자 및 이해관계인
토지수용 재결신청	• 토지수용위원회 위원장(도지사) 1인 및 관계공무원 중 3인, 외부인사 5인 공고심의
화해의 권고	• 토지수용위원회에서 토지수용자 및 소유자와 이해관계인
재결내용 통보 및 공고	• 토지수용위원회
이의신청 접수	• 토지소유자 및 이해관계인
이의신청 재결	• 중앙 토지수용위원회<위원장 "국토교통부장관" 1인 및 관계 공무원 중 3인 외부인사 5인) 심의공고
재결의 송부	• 토지수용자, 토지소유주 및 이해관계인
토지수용	• 보상금 미수령(거부)액 법원공탁

3.3 고정자산 운영

가. 자산보존관리

□ 설치 운용하고 있는 고정자산(기계장치, 비품)은 기능 및 가치 보존을 위한 기능개량과 수리 및 유지보수를 하여야 하며, 필요에 의해서 사업장 또는 부서 간 이동 시 에는 고정자산 총괄 관리담당 (재무팀)에 자산의 이동사항을 문서로 접수, 보고함

[고정자산 가치보존 방법]

구분	관리비용 지출	자본적 지출

관리
방법
	• 경상적 수리를 목적으로 한 지출
	• 원상을 유지하기 위한 지출
	• 매기 교체되는 양이 표준화되어 있는 제품의 정비·보수를 위한 지출
		• 고정자산의 증설 또는 개량으로 인하여 기존 고정자산의 내용연수가 연장되거나 그 자산가치가 증가되는 경우의 지출
		• 기존고정자산의 용도변경을 통해 자산가치가 증가되는 지출
		  - 고정자산의 기능추가를 위해 기존 고정자산의 일부기능을 철거하는 지출
		  - 재해 등으로 인하여 본래의 용도에 이용가치가 없어진 자산의 복구를 위한 지출

[고정자산 전환배치 절차]

```
┌─────────────────────────────────────┐
│   고정자산의 이동사유 발생 및 승인요청   │
│              (관리담당)              │
└─────────────────────────────────────┘
                   ⇩
┌─────────────────────────────────────┐
│         관리전환 승인요청 접수         │
│   (전출·전입명세서 및 승인명령서 작성)   │
│            (총괄관리 담당)            │
└─────────────────────────────────────┘
                   ⇩
┌─────────────────────────────────────┐
│  해당 관리담당에 관리전환 (승인, 명령)  │
│       통보, 인수, 인계 및 장부정리      │
└─────────────────────────────────────┘
```

Ⅳ. 핵심직무 실무능력개발

[고정자산 관리보고서]

(20   년   월분)

문서번호 :   보고일자 : 20   년   월   일
수   신 : 재무이사(재무팀)   보 고 자 :   장   (인)

자산 과목	전월말		증 가				감 소		당 월 말		
			신규취득			기타 자본 적 지출					
	취득 가액	감가 충당금	자체 자본 예산	본사 정산 이관	수증 부외 대체		관리 전환	불용 처분	관리 전환	취득 금액	감가 충당금	장부 가액
유형 고정 자산												
토지 01												
건물 02												
구축물 03												
기계 장치 04												

[전환배치 승인요청서]

문서번호 :   20   년   월   일
경   유 :
수   신 : 재무이사(팀)   아래와 같이 관리전환을 요청하오니 승인하여 주시기 바랍니다.

자산 과목	품명	모델 규격	제작 번호	취득 금액	인도부서		인수부서		인도· 인수 예정일
					설치 장소	사용 부서	설치 장소	사용 부서	

[고정자산 사용전환 명세서]

문서번호 :   20   년   월   일
수   신 : 재무이사(팀)   아래와 같이 사용전환 명세서를 제출합니다.

자산과목	품명	모델규격	제작번호	설치장소		이동 후 사용부서	이동일자	이동사유
				이동전	이동후			

[고정자산 전산입력 자료]

순번	계정과목	품명	모델·규격·구조	제작사	제작번호	제작년도	제작국	취득일자	취득금액		설치장소(위치)	사용책임부서명	용도 및 기능	내용연수	비고
									품대	부대비					

나. 고정자산 감가상각

□ 감가상각은 건물, 기계장치 등의 유형고정자산의 가치가 사용기간의 경과에 따라 가치가 소멸되는 부분을 비용계정으로 처리하는 방법으로 정액법, 정률법, 생산비례법을 적용하고 무형자산은 정액법으로 상각함

- 감가상각은 회계기간 말을 기준으로 계산하고 회계기간 중 취득한 고정자산은 달로 나누어 상각(연간 상각액÷경과월)하되 2개월이 경과되지 않은 고정자산은 상각하지 않음
- 유형 및 무형고정자산의 잔존가치를 "0"으로 일률적으로 정해 놓고 정률법을 채택하는 경우에는 잔존가치를 취득원가의 5%로 하도록 하고 있음
  - 감가상각기간 중 유형 고정자산에 대한 자본적 지출(가치증가)이 발생된 경우에는 이를 반영시켜(사용 가능 횟수 및 잔존가치 증가)상각함
  - 장기간 미사용 유형 고정자산은 시간경과에 따라 발생되는 가치손실분만을 상각대상으로 함

[감가상각 산식]

구분	상각 산식
유형고정자산	• 취득가격 1천만원, 잔존가격 1백만원 • 상각대상금액 9백 만원 • 사용연수(상각연수) 5년
정액법	• 9백만(취득가격−잔존가격)÷5년=180만(연간 상각액) - 월간상각액 180만÷12=15만원 • 매년 동일한 금액이 상각됨
정률법	• 5년간 미상각금액의 20%를 상각함 • 1차연도 상각액 - (9백만×20%)÷100=180만원 - 미상각금액: 720만원 • 2차연도 상각액 - (720만×20%)÷100=144만원 - 미상각금액: 576만원 • 시간경과에 따라 상각액이 감소됨
생산비례법	• 1차 연도 상각금액 - $9백만 \times \dfrac{1차연도 가동시간}{총 가동시간} \div 100 = \chi$ • 2차연도 상각액 - $(9백만 - \chi) \times \dfrac{2차연도 가동시간}{(총 가동시간 - 1차연도 가동시간)} \div 100$

Ⅳ. 핵심직무 실무능력개발

4. 재무분석 직무

4.1 재무분석 과제

□ 재무분석은 기업가치 향상을 위한 자산구성(비율) 및 자금조달 방법의 결정을 위해 재무(운영자금) 및 회계자료 분석, 투자안 및 자본예산 분석, 자금유동성과 경제성의 적정성 그리고 운영실태를 점검함

- 재무계획에 의한 운전자금 조달방법으로 자기자본과 타인자본 조달, 단기자본과 장기자본의 조달, 내적자본과 외적자본 조달 방법의 있으며, 이에 대한 타당성과 적정성을 분석함
- 재무제표와 손익계산서를 기초로 재무상태 점검과 영업성과 분석, 투자방향 설정과 이익 및 자금계획을 수립함

[재무분석 체계]

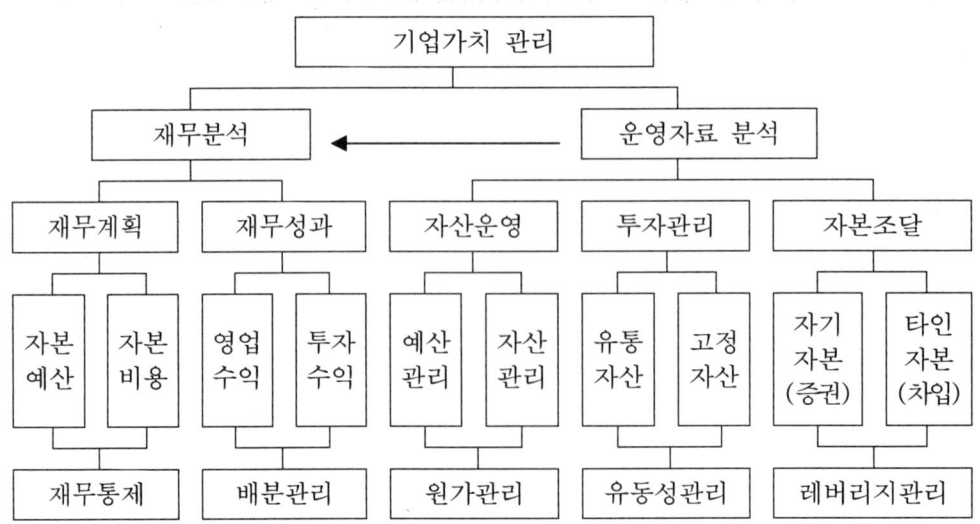

가. 재무비율 분석

□ 재무제표의 구성항목에 대한 제비율을 계산하여 산업 표준비율과 상호 비교하여 재무상태(안전성, 활동성)와 영업실적(수익성)을 분석함

- 재무비율 분석을 통해 미래경영상태 예측과 투자시기 및 투자방법 결정, 경영목표(매출, 영업이익) 설정과 경영계획 수립 기초자료에 활용됨

[재무비율 분석관점]

유동성 비율	자산관리(회전율)
• 운영자금의 현금화비율과 부채상환 능력 평가	• 고정자산의 투자(자금배분) 적정성과 유동자산(운영자료) 관리 효율성 평가
부채비율	수익성 비율
• 조달자료의 관리능력 (영업외비용, 상환)과 자료안전성 평가	• 운영자금 배분(대상, 규모) 적정성과 자금관리 효과(유동성, 회전율) 수준 평가

□ 안정성 분석

- 자기자본과 부채비율을 계산하여 타인자본 의존도 수준으로 평가함

- 자기자본비율 $= \dfrac{\text{자기자본}}{\text{총자본}} \times 100$

    - 자기자본 비율이 높을수록 자본건전성과 독립성이 크므로 외부환경 대응력이 좋음

- 부채비율 $= \dfrac{\text{부채}}{\text{자기자본}} \times 100$
    - 타인자본(부채) 의존도가 낮을수록 자본의 자립성(긴급자금 차입)이 높음

□ 활동성 분석

- 총자본 및 경영자본 회전율과 고정자산 및 유통자산 회전율을 계산하여 자본 활용성과 운영효과를 평가함
- 총자본 회전율 $= \dfrac{\text{매출액}}{\text{총자본}}$
    - 총자본 활용성, 즉 매출액(영업이익) 기여도를 측정하여 사업 종류, 방법, 역할의 적정성을 평가
- 경영자본 회전율 $= \dfrac{\text{매출액}}{\text{경영자본}}$
    - 경영자본(사무비품, 기계장치, 원재료, 생산 및 판매원가)의 매출기여도 수준을 분석하고 사업운영 적정성을 평가
- 고정자산 회전율 $= \dfrac{\text{매출액}}{\text{고정자산}}$
    - 고정자산(기계장치, 토지, 건물)의 매출기여도를 분석하고 고정자산(투자) 적정성을 평가
- 유동자산 회전율 $= \dfrac{\text{매출액}}{\text{유동자산}}$
    - 운용자산(현금, 예금, 받을어음)의 매출기여도를 분석하고 자금운용 규모의 적정성과 효과를 평가

□ 수익성 분석
  • 매출액 이익률과 총자본 및 경영자본 이익률을 분석하여 기업 성장 잠재력을 평가함
  • 매출총이익률 $= \dfrac{\text{매출총이익}}{\text{매출액}} \times 100$
    - 매출 총이익률이 많을수록 생산 및 판매원가가 적정수준으로 관리됨을 나타냄
    - 매출 총이익률이 낮을 경우 생산성과 원가관리가 필요함
  • 총자본이익률 $= \dfrac{\text{경상이익}}{\text{총자본}} \times 100$
    - 경상이익(영업이익+영업외이익)이 클수록 자산배분이 적정하고 사업효율성(투자, 운영)이 높음
  • 경영자본이익률 $= \dfrac{\text{영업이익}}{\text{경영자본}} \times 100$
    - 경영자본(경영자본-(투자금+건설가계정+이연자산))에 대한 영업이익률이 높을수록 자금운영 효율성과 경영체질이 강화되어 있음을 나타냄

나. 손익분기점(break-even point, BEP) 분석

□ 일정기간 매출액과 총 영업비용이 일치되는 지점으로 생산량 또는 조업률 관리의 기준점으로 활용됨

- break-even point(BEP)

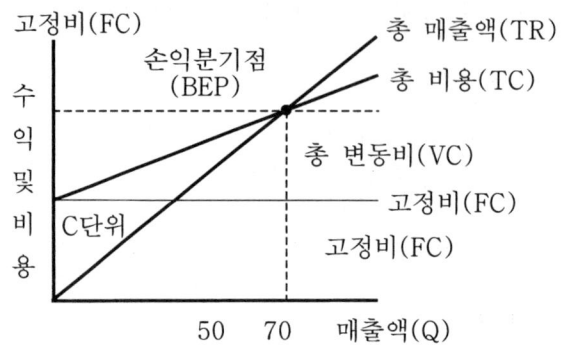

- 손익분기점 생산량 $BEP_Q = \dfrac{고정비}{매출액 - 변동비} = \dfrac{고정비}{단위당원가}$

- 손익분기점 매출액 $BEP_P = \dfrac{고정비}{1 - \dfrac{변동비}{매출액}}$

- 매출액(Total Revenue from sales) = 매출량(Q) × 매출단가(P)

- 고정비(Fixed costs): 감가상각·경영진임금·보험료·재산세·임차료·이자

- 변동비(Variable costs): 재료비·노무비·판매수당·연료비

- 공헌이익(Contribution margin) = 매출단가(P) - 단위당변동비(V)

- 공헌이익률(Cr): $\dfrac{C}{P} = \dfrac{P-V}{P} = 1 - \dfrac{V}{P}$

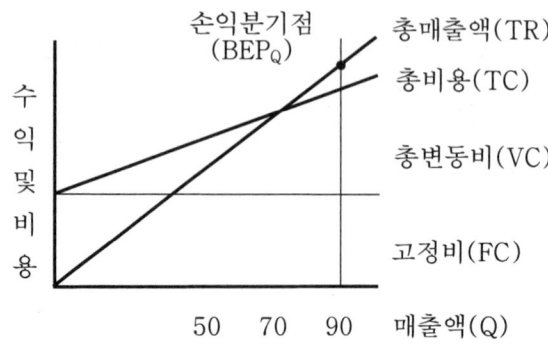

다. 총투자 수익률 분석(ROI 분석)

□ ROI(Return on investment)는 총자본회전율과 매출액 순이익률을 분석하여 기업경영 상태와 성과를 일목요연하게 평가하기 위해 실행됨

- 기업의 활동성 평가로 재무통제(매출액 관리, 원가관리, 운전자금관리) 방향 설정
- 기업수익률 평가를 사업기반(업종, 제품, 영업활동)의 조정(투자, 업종전환, 시장관리)과 경영목표(생산, 매출, 이익) 관리 방향 설정
- 사업부문별 업무생산성과 효율성 향상 방안의 설정과 관리 기준 설정

[ROI 분석시트]

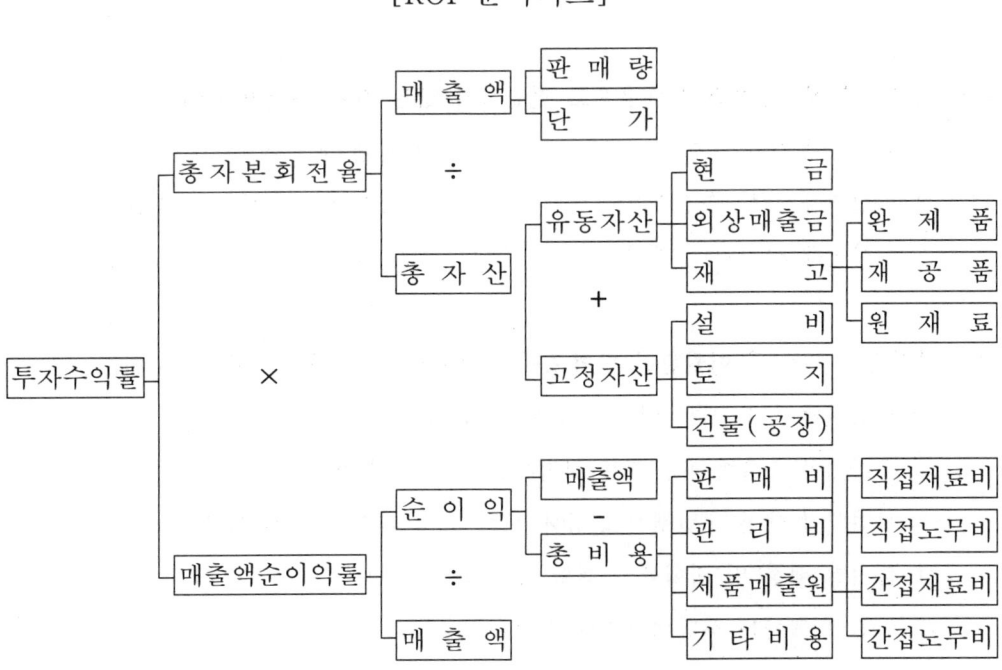

IV. 핵심직무 실무능력개발

5. 학습내용 평가

☐ 예산운영관리 직무

문1. 예산집행계획 수립과 관련된 내용이 아닌 것은 무엇입니까?
① 예산작성 요령과 서식통보
② 예산운영 순서와 구성내용 검토
③ 예산항목과 예산소요계수 정확성 검토
④ 세부산출 기초항목과 예산편성 내용검토
⑤ 예산편성 평균계수를 산출하여 산출예산 조정

문2. 일반적 관점에서 부서별 예산편성 역할이 적절하지 않는 내용은 무엇입니까?
① 경영계획에 기초한 예산편성
② 부서별 기초예산은 경영관리 부서에서 심의·조정
③ 재무관리 부서의 예산총액 가이드라인 내에서 편성
④ 총 소요예산은 재무관리 부서와 협의
⑤ 경영관리 부서 조정예산을 기초로 자금운영·조달 계획수립

문3. 일반적인 예산집행관리 내용으로 적절하지 않은 것은 무엇입니까?
① 예산집행 내용기록
② 예산집행 보고서 작성
③ 예산변동 사항 수정관리
④ 긴급예산은 선 집행 후 승인요청
⑤ 예산집행 근거자료 관리

문4. 예산전용·수정 및 이월관리 방법으로 적절하지 않는 내용은 무엇입니까?
① 사업계획 수정 시 운영예산 조정 후 승인
② 추가예산 소요발생시 추가 경정예산 편성·승인 후 집행
③ 사업배정 예산 미집행시 잔류예산 회수 후 예산집행 계획 조정
④ 분기별 배정 및 집행예산 현황 표를 작성 보고
⑤ 미집행 예산은 해당예산으로 소멸

문5. 예산통제·조정 방법으로 적절한 내용이 아닌 것은 무엇입니까?
① 예산집행 내용 검열확인 및 지도
② 예산집행 실적 종합평가 및 분석
③ 승인예산은 자율적·임의적으로 집행
④ 예산과목별 목적 부합성 승인 후 예산집행
⑤ 회계전표 및 지출품의 후 예산집행

□ 원가관리 직무

문6. 일반적인 관점으로 원가관리 계정항목에 해당되지 않는 내용은 무엇입니까?
① 제품생산원가
② 판매 및 일반관리비 원가
③ 노무비 및 일반경비 원가
④ 고정비 및 변동비용 원가
⑤ 재무자산 운영원가

문7. 제품경쟁력 향상 목적의 원가관리 방법으로 가장 적절한 내용은 무엇입니까?
① 표준원가관리
② 목표원가관리
③ 고정원가관리
④ 실제원가관리
⑤ 간접원가관리

문8. 일반적인 원가분석 방법에 해당되지 않는 내용은 무엇입니까?
① 기간비교 원가분석
② 목표 달성율 분석
③ 상호비교 분석
④ 표준비교 분석
⑤ 시계열추세 분석

문9. 원가관리 항목(계정과목)의 설명으로 적절하지 않는 내용은 무엇입니까?
① 재료비는 원·부재료비와 부분품비가 포함
② 노무비는 생산관리·생산직 급여·수당·상여 등이 포함
③ 임원 및 관리부문 급여·수당·상여 고정비에 포함되며 기여도에 따라 할당배분
④ 동력비·수선비·설비 감가상각비는 생산직접원가에 포함
⑤ 품질검사, 기술개발비는 생산 간접원가에 포함

문10. 재료비 원가는 투입량과 단가에 의해 산출되는데 원가산출 기준으로 적절하지 않는 내용은 무엇입니까?
① 재료 투입량은 계속기록·재고조사·역산 방법으로 산정
② 재료비 단가는 개별단가·선입선출·후입선출 방법으로 산정
③ 불합격 제품에 사용된 재료비는 재료비원가에서 배제
④ 재료비 원가는 단순평균·총 평균·이동평균법에 의해 산출
⑤ 생산계획량을 초과하여 생산된 재료비는 초과생산량에 투입된 재료비를 공제하여 산정

문11. 직접노무비에 해당되지 않는 내용은 무엇입니까?
① 생산(계획)관리자 임금   ② 생산공정 관리자 임금
③ 생산직 임금   ④ 품질관리직 임금
⑤ 생산설비 유지·보수직 임금

문12. 경비의 구성항목이 적절하지 않는 내용은 무엇입니까?
① 여비와 교통비는 직접경비   ② 보험료와 특허료는 간접경비
③ 전기·수도·가스료는 동력비 항목   ④ 유지관리비·소모품비는 수선비 항목
⑤ 감가상각비·복리후생비는 간접경비

문13. 사전원가계산을 위한 검토과제로 적절하지 않는 내용은 무엇입니까?
① 제품개발 및 기술적 기능검토   ② 생산방법 검토
③ 생산 공정 라인 검토   ④ 생산설비 투자규모 검토
⑤ 원부·부재료 구입비용 검토

문14. 표준원가 산정목적과 방법에 대한 설명이 적절하지 않는 내용은 무엇입니까?
① 제품원가 산정의 간소화와 신속화 및 실제원가의 적정성 판단기준 관리
② 통계적 원가데이터의 표준 수량과 표준가격으로 산정
③ 표준경비는 경비총액을 총생산량을 나누어서 산정
④ 직접재료비는 표준 소비량과 표준가격으로 산정
⑤ 직접노무비는 표준 작업시간에 표준임률을 적용하여 산정

□ 고정자산관리 직무

문15. 고정자산에 대한 설명이 적절하지 않는 내용은 무엇입니까?
① 기업자산 중에서 보존가치가 큰 자산을 대상으로 관리
② 사업수행에 필요한 토지·건물·기계장치 등이 포함
③ 고유의 기능변화 없이 일정기간 반복적으로 사용 가능함
④ 자산의 취득·보존·처분 가치를 관리
⑤ 자산의 특징과 내구성에 따라 감가상각 기간을 설정

문16. 고정자산 취득에 대한 설명으로 적절하지 않는 내용은 무엇입니까?
① 신축·개조·구입 물건의 소유권이 획득된 경우
② 취득가격은 구입·보수·설치비가 포함됨
③ 건축·제작에 의한 고정자산은 제작비와 설치비가 포함됨
④ 무상으로 취득한 고정자산은 감정평가액으로 설정
⑤ 교환·증여에 의한 권리권 확보 물건은 동산으로 분류

문17. 고정자산의 감가상각 방법으로 적절하지 않는 내용은 무엇입니까?
① 유형고정자산을 대상으로 사용기간 동안의 가치소멸 부문을 비용계정으로 처리
② 취득가치에서 잔존가치를 공제한 후 사용기간 동안 매년 동일금액으로 산정하는 방법은 정액법
③ 취득가치에서 잔존가치를 공제한 후 사용기간 동안 매년 동일비율로 산정하는 방법은 정률법
④ 생산설비 투자가치를 기준으로 연간 설비사용 시간을 설비 총 사용가능 시간으로 나누어 산출하는 방법은 생산비례법
⑤ 동일한 조건에서 초기년도에 감각상각금액이 높게 산출되는 방법은 정액법임

문18. 감가상각에 대한 설명이 적절하지 않는 내용은 무엇입니까?
① 고정자산의 감가상각은 회계기간 말을 기준으로 계산
② 무형고정자산의 잔존가치는 제로로 처리
③ 감가상각기간 중의 유형고정자산에 대한 자본적 지출금액은 비용계정으로 산정
④ 장기간 미사용 유형 고정자산은 시간경과의 가치손실분 만을 계상함
⑤ 토지는 감가상각 대상에서 제외되며, 재평가를 통한 가치 상승분으로 고정자산 가치를 조정

Ⅳ. 핵심직무 실무능력개발

□ 재무분석 직무

문19. 일반적으로 이행되는 재무분석 과제로 적절하지 않는 내용은 무엇입니까?
① 자산구성비율 분석 ② 영업수익률 분석
③ 투자자금 분석   ④ 자금유동성 분석
⑤ 자기자본비율 분석

문20. 재무비율 분석 과제로 적절하지 않는 내용은 무엇입니까?
① 유동성 비율 분석   ② 고정자산 회전율 분석
③ 부채비율 분석   ④ 운영자금 수익성 분석
⑤ 투자자산 경제성 분석

문21. 재무비율 분석 방법으로 적절하지 않는 내용은 무엇입니까?
① 총자본에 대한 자기자본비율 분석   ② 자기자본에 대한 부채비율 분석
③ 매출액에 대한 생산원가 분석   ④ 매출액에 대한 고정자산 비율분석
⑤ 매출액에 대한 유동자산 기여도 분석

문22. 손익분기점 분석방법으로 적절한 내용은 무엇입니까?
① 매출액선이 길수록 영업이익률 커짐
② 총비용선이 길수록 매출액 선이 짧아짐
③ 고정비가 많을수록 변동비가 적어짐
④ 매출액과 영업비용의 교차점으로 영업이익률 관리 기준점이 됨
⑤ 손익분기 교차점이 길수록 영업이익이 많이 발생함

문23. 총투자 수익률(ROI)분석에 대한 설명이 적절하지 않는 내용은 무엇입니까?
① 총자본회전률과 매출액순이익률로 분석
② 기업경영 상태와 경영성과 현황을 평가할 수 있음
③ 총자본회전률 분석으로 기업 활동성을 평가하여 재무통제 방향을 설정할 수 있음
④ 매출액순이익률 분석과 기업수익률을 평가하여 영업활동 방향을 설정함
⑤ 총투자 수익률이 클수록 매출 총이익률도 높아짐

Ⅴ. 조직행동과 직무적성관리

1. 조직행동관리

1.1 직무적응력 관리

☐ 직무적응력은 조직의 업무역할에 순응하면서 조직 또는 담당직무가 추구하는 목표실행과 성과달성에 기여하는 수준임
- 사회조직에 편재된 모든 직무는 요구되는 목표와 기대하는 성과 수준이 있으며 조직원은 이를 실현하는데 요구되는 최적의 역할을 수행함
- 직무적응력은 직무별로 추구되는 목표와 성과실행 방법에 따라 차이가 있으므로 직무분야별로 적응력이 관리됨

가. 직무적응력 개발

☐ 재무관리 조직 표준직무 이해와 직무수행능력의 개발
☐ 경영방침과 경영계획 실행 예산편성 및 자금조달방법 이해
☐ 자산운영 정책수립과 운영자금 배분 및 통제·조정 기준 이해
☐ 투자자산 정보(상품·기간·이익·포트폴리오)관리와 수익성 평가·분석
☐ 재무제표 및 손익분기점 분석과 영업이익률 관리

V. 조직행동과 직무적성관리

나. 직무적응력 향상과제

- ☐ 산업 성장성과 금융시장 환경을 분석하여 재무계획 실행방향과 자금조달 방법의 적정성 검토
- ☐ 운영자금 배분관리와 통제·조정방법
- ☐ 국내·외 투자정보 수집과 투자자산 관리방법
- ☐ 운영자금 유동성과 안전성 분석 및 투자자산 수익성 관리
- ☐ 자산운영 규정 제·개정관리와 투자계획 심의방법 이해

다. 계층별 직무적응력

- ☐ 리더자 계층
  - 중·장기 자금운용계획 수립과 예산편성, 회계 및 자금운영규정 관리, 조세정책 분석과 절세방안 수립, 재무제표 분석 및 경영수지 평가, 기업회계 및 세무회계 조정능력의 전문화가 필요

구분	직무적응력
담당역할	• 국내·외 경제지표 분석 및 예측, 자산운영 정책관리, 운영자산 투자심의 및 운영자금 배분관리
업무행동	• 통찰력과 분석력, 탐색력과 기획력, 통제력과 조정력
직무적응력	• 전략적인 사고력과 객관적인 분석능력을 토대로 사업목표관리, 사업성과 분석 및 평가관리, 리스크관리에 필요한 기초지식과 표준화된 업무처리 방법과 절차의 숙련

□ 중간관리 계층
- 투자환경 분석과 투자자산 포트폴리오 설계, 투자자산 및 운영자금 배분관리, 투자자산 수익성과 운영자금 유동성 관리, 재무정보 분석과 제조원가관리 능력개발

구분	직무적응력
담당역할	• 정부재정 및 금융정책분석, 자산운영규정 제·개정관리, 운영자금 및 투자자산 배분관리, 자산운영실적평가·분석
업무행동	• 판단력과 분석력, 통찰력과 신중성, 책임성과 추진력
직무적응력	• 업무 성과달성 목표의식과 표준관리 역량으로 투자자산과 운영자금의 배분·통제·조정역할을 체계적으로 실행하는 업무방법과 절차의 숙련

□ 실무자 계층(신입사원)
- 재무관리 분야 표준직무와 자산투자 및 자금운영 지침을 이해한 후, 자본시장동향과 국내·외 투자정보 수집 및 분석, 결산자료 분류 및 분석에 필요한 능력개발

구분	직무적응력
업무행동	• 이해력과 집중력, 분석력과 탐구력, 책임감과 추진력
직무적응력	• 목표 추진력과 성과관리 능력을 갖추고 투자자산과 자금운영 정보수집, 현안의 문제점과 영향요인 탐색 및 개선안 설정 역할의 숙련

V. 조직행동과 직무적성관리

라. 핵심직무 적응력 관리

구분	적응력 관리
기업환경 분석	• 경영목표와 경영방침 및 제품의 시장경쟁력 분석 • 기업성장 잠재력 분석과 경쟁기업 경영전략 평가 • 기업 자산규모와 신 사업투자 계획과 자금조달 방법
조직역량 분석	• 자산운영 계획과 투자자산 성과관리 • 기업 자본 및 자산구성 현황과 지배구조 안전성 • 자산 회전율과 운영자금 유동성 관리
사업가치 관리	• 자산운용 계획 및 정책관리 • 사업 예산편성 및 운영자금 기준관리 • 투자자산 수지예측과 투자위험 분산관리
사업성과 관리	• 자금운영 실적 분석·평가 • 제조원가 및 영업이익률 관리 • 자산 투자가치 평가와 자금운영 수익률 분석

1.2 업무동기관리

□ 업무동기는 조직에서 요구되는 직업의식과 개인별로 추구하는 성과목표의 조화와 부조화 수준에 따라 활성화 수준이 결정되어 업무성과에 영향을 미침

● 개인별로 할당된 직무를 활성화시키는 역할의 패턴으로서 의욕, 태도, 가치관, 목표성, 추진가치가 내포되어 역할을 견인시킴

V. 조직행동과 직무적성관리

☐ 회계관리 분야 업무동기

직업의식

- 기업의 지속성장 경영과 미래 가치관리
- 역할의 전문화와 합리적인 성과관리
- 투자자산과 운영자금의 적재적소 균형관리

목적지향성

- 운영자금 최적화　• 투자자산 안전성　• 재무정보 신뢰성

[직업의식 관리]

구분	관리내용	역할패턴
직업의식	직업윤리의식	• 기업의 윤리강령과 규칙을 명확히 이해하고 자신에게 주어진 업무에 기업에서 요구하는 윤리적 판단기준을 엄격하게 적용하여 스스로 의사결정을 하고 문제를 해결함 • 같이 일하는 동료의 역할을 존중하며 일의 우선순위와 중요도에 따라 무사 공평하게 처리함
	역량 전문화	• 맡은 업무에 대해 스스로 완결하려는 의지와 책임감을 느끼고 큰 무리 없이 스스로 일을 마무리함 • 자기분야에서 전문가로서 활동하기 위해 스스로 학습기회를 찾아서 발전시킴
	비즈니스 마인드	• 역동적으로 변하는 환경과 조직 전략간의 연계성을 고려하여 자신의 업무성과에 영향을 미치는 환경변수와 성과지표가 무엇인지를 스스로 파악하여 관리함 • 부서 또는 기업이 직면한 사업관련 이슈를 이해하고 그것이 자신의 업무 및 역할에 어떤 영향을 미치는지 인식함
	정보수집과 분석	• 인적물적 네트워크를 통해 유통되는 정보나 지식이 무엇인지 탐색하고 정보를 정밀하게 분석하는 방법과 추세를 학습함 • 자신의 업무와 관련된 정보에 대해 자신만의 소스를 개발하며 수집된 정보를 회사의 기준과 업무과정 중 학습한 자신만의 노하우를 통해 체계적으로 정리함

V. 조직행동과 직무적성관리

[목적지향성 관리]

구분	관리내용	역할패턴
목적지향성	성과 지향성	• 과업목표와 조직성과 달성을 위한 확고한 신념을 가지고 기업의 미래비전 실현을 위한 실행능력과 책임감을 보유하고 있어야 함 • 조직에 강한 지속력을 가지고 조직발전을 도모하면서 조직성과 관리에 요구되는 신념, 가치관, 업무태도를 활성화 시킴
	가치 지향성	• 자기 성장성을 관리하여 사회적인 기대가치 실현과 조직역할의 전문화 추진, 조직과의 연대감을 향상시킴 • 조직 중심적인 가치관과 창의적이고 혁신적인 도전의식으로 조직신뢰감을 향상시키면서 담당역할에 충실함
	능력 지향성	• 기업 목표증진과 자기 삶의 미래가치 실현을 위한 능력개발 의욕을 높게 형성하고 지속적으로 자기역량 관리를 실행하는 패턴이 조성되어야 함 • 조직역할을 통한 사회적 이미지 형성과 창의성 개발에 적극적이며 새로운 조직환경에 적극적으로 대응하거나 순응할 수 있어야 함

[업무 행동관리]

구분	관리내용	역할패턴
업무행동	업무 추진력	• 사전에 정해진 일정 계획과 우선순위에 따라 자신에게 할당된 업무를 수행하면서 여러 업무과제 간의 우선순위를 판단하여 효과적이고 구체적인 방법으로 업무를 수행함 • 업무추진 중 돌발 상황이 발생할 경우 장애요인에 대한 대비책을 마련하여 기존의 관계와 계획에 따라 적절히 대응하면서 문제를 해결함
	업무 혁신성	• 일상적인 업무수행 과정에서 개선할 수 있는 부분을 찾거나 과거경험을 통해 새롭고 유용한 아이디어를 탐색 및 발견함 • 업무의 부가가치를 높이기 위해 기존의 방식을 개선하며 새로운 방식에 어느 정도의 위험이 따르더라도 좀 더 효과적인 절차나 방법과 기술을 모색함
	업무 리더십	• 전사적 관점에서 업무진행 상황을 점검하고 목표대비 달성정도를 철저하게 관리하여 기대성과를 창출하고 기업경영에 미치는 중요한 사안에 대해 소신있게 의사결정을 하며 업무난이도에 따라 업무역할을 우선순위를 관리함 • 중장기적인 조직운영 및 목표달성에 필요한 인적물적 자원을 계획하고 가용 자원을 전사적 차원에서 파악하여 미리 준비하며 조직간 시너지 효과를 고려한 자원 활용방안을 수립함

2. 직무적성관리

- □ 직무적성은 담당직무수행에 특화된 선천적인 업무자질과 습관화된 업무패턴인 업무순응과 새로운 업무 적응능력에 대한 통칭적인 개념임
  - 직무적성의 영향력인 선천적인 업무자질은 신체적인 특징 및 본능적인 정서와 인지력에 의해 형성되어 사물에 대한 지각과 행동방향성을 결정함
  - 습관화된 업무태도는 사회적 학습과정에서 형성되는 가치관과 업무태도(순응력, 수용력)로 나타남
  - 따라서 선천적인 업무자질에 순응하면서 습관화된 업무패턴으로 형성되는 가치관과 업무태도를 개발하여 관련분야 직무적성을 활성화 시킬 수 있음
- □ 직무적성 관리(학습)항목
  - 재무계획과 자산운용 정책개발 Skill
  - 자금수지 예측과 운영자금 조달 Skill
  - 재무상태 진단과 재무 리스크 관리 Skill
  - 자산운영 실적 분석·평가 Skill
  - 제조원가 분석 및 영업이익률 관리 Skill
  - 투자자산 포트폴리오 관리 Skill
- □ 직무적성 개발
  - 윤리경영 방침을 준수하면서 운영자금을 공정하게 관리하여 사업

V. 조직행동과 직무적성관리

　　　목표 달성을 신속·정확하게 지원하는 역할개발
- 사업목표 설정과 성과관리에 필요한 탐구력, 통찰력, 분석력, 판단력과 목표과제 통제·조정 역량개발
- 현안의 문제점 탐색과 대응방안 수립에 필요한 상황판단 능력과 업무 책임감 및 목표 실행력을 개발

3. 학습내용 평가

문1. 직무적응력이 가장 적절하게 표현된 내용은 무엇입니까?
① 업무역할의 순응력과 목표실행력　② 업무규정과 제도 이해력
③ 편재직무 성과실행력　　　　　　　④ 업무경험능력
⑤ 업무학습능력

문2. 조직의 리더자 계층에 필요한 직무적응력이 아닌 내용은 무엇입니까?
① 재무유동성 관리　　　② 운영자금 분석·평가
③ 업무수행 방법　　　　④ 기업회계 및 세무회계 조정관리
⑤ 투자 자산관리 능력

문3. 조직의 중간관리자 계층에 필요한 업무행동이 아닌 내용은 무엇입니까?
① 판단력　② 분석력　③ 통찰력　④ 신중성　⑤ 설득력

문4. 조직의 실무자 계층에 필요한 직무능력이 아닌 내용은 무엇입니까?
① 자본시장 동향조사·분석　② 투자자산 통계데이터 관리
③ 결산자료 분류　　　　　　④ 산업정책 분석·평가
⑤ 자금운영 정보 수집

문5. 일반적인 관점에서 조직의 핵심직무 적응력 관리 내용이 아닌 것은 무엇입니까?
① 투자환경 분석　　　② 조직원 학습태도 분석
③ 운영자금 실적분석　④ 투자자산 가치분석
⑤ 운영자금 회전률 관리

문6. 일반적인 관점에서 조직의 직업의식에 해당되지 않는 내용은 무엇입니까?
① 직업윤리 의식　② 업무성과 보상　③ 역량 전문화
④ 비즈니스 마인드　⑤ 정보수집과 분석

V. 조직행동과 직무적성관리

문7. 일반적인 관점에서 조직목표 지향성에 해당되지 않는 내용은 무엇입니까?
① 성과지향성　　　② 가치지향성　　　③ 능력지향성
④ 성장지향성　　　⑤ 만족지향성

문8. 일반적인 관점에서 기업을 지속적으로 성장시키는데 필요한 업무 행동관리 내용이 아닌 것은 무엇입니까?
① 업무추진력　　　② 업무혁신성　　　③ 업무리더십
④ 업무만족도　　　⑤ 업무책임감

문9. 일반적인 관점에서 직무적성의 특성을 잘못 설명한 내용은 무엇입니까?
① 선천적인 업무자질　　　② 본능적인 지각능력
③ 습관화된 업무태도와 자세　　　④ 논리적인 직무지식
⑤ 사회적 학습내용의 순응·순발력

Ⅵ. 학습내용 평가

1. 학습내용 평가관리

□ 직무분야별 학습내용에 대한 이해력 수준과 실무면접 대응능력을 평가하여 교육수료 수준의 결정과 추가학습 방향을 안내함
□ 교육평가 과제
- 핵심업무 내용 이해도
- 조직(팀) 고유직무와 업무목표
- 직무수행방법 업무성과
- 핵심업무 수행에 필요한 전문지식과 실행능력
- 업무시스템별 조직(팀)역할과 업무범위
- 업무 우선순위와 협의 조정역할
- 핵심업무 책임과 권한

□ 교육내용 평가방법
- 교육내용 온라인 평가관리
  - 다지선다형 및 단답형 문제평가
- 논술형 평가는 이메일 평가방법 운용(신청자에 한함)
  - 답안지 평가 후 첨삭지도
  - 본서 구성 단원별로 출제된 문제은행에서 중간평가 20문제, 최종평가 20문제로 평가함

VI. 학습내용 평가

□ 교재분야별 시험문제 출제
- 제1장 산업환경 변화와 기업인재상
- 제2장 조직기능과 편재직무
- 제3장 직무수행능력 관리
- 제4장 핵심직무 실무능력개발
- 제5장 조직행동과 직무적성관리

2. 평가결과 활용

□ 평가결과를 참조하여 직무능력개발 상담 및 재교육 이수지원
□ 목표능력 점수 60% 이상 수준 평가자 직무분야별 직무교육 수료증 발행

VI. 학습내용 평가

3. 학습내용 평가 정답

Ⅰ장. 학습내용 평가 정답(p22)

    문1 ③   문2 ③   문3 ④   문4 ②   문5 ①   문6 ④   문7 ⑤

Ⅱ장. 학습내용 평가 정답(p31~32)

    문1 ③   문2 ②   문3 ②   문4 ④   문5 ②   문6 ⑤   문7 ④
    문8 ①   문9 ③

Ⅲ장. 학습내용 평가 정답(p42~44)

    문1 ⑤   문2 ②   문3 ④   문4 ②   문5 ④   문6 ⑤   문7 ①
    문8 ④   문9 ③   문10 ②   문11 ⑤   문12 ①   문13 ③   문14 ①

Ⅳ장. 학습내용 평가 정답(p82~86)

    문1 ⑤   문2 ③   문3 ④   문4 ⑤   문5 ③   문6 ⑤   문7 ④
    문8 ②   문9 ④   문10 ③   문11 ⑤   문12 ①   문13 ⑤
    문14 ③   문15 ①   문16 ⑤   문17 ⑤   문18 ③   문19 ②
    문20 ⑤   문21 ③   문22 ④   문23 ⑤

Ⅴ장. 학습내용 평가 정답(p95~96)

    문1 ①   문2 ③   문3 ⑤   문4 ④   문5 ②   문6 ②   문7 ④
    문8 ④   문9 ④

저자 편창규

◉ 학력
광운대학교 대학원 경영학 박사(1999)
동아대학교 경영대학원 경영학 석사(1989)
한국방송통신대학 경영학(1985)
부산공업대학 금속공학(현 부경대)(1982)
영산농업고등학교 임업과(1974)

◉ 경력
효산지식인력개발원 원장(2009~현재)
효산경영연구소(주) 책임연구원(1993~현재)
한국생산성본부 외래교수(1999~2005)
경복대학교 경영과 겸임교수(1994.3~2002.2)
ACC컨설팅 경영진단팀 팀장(1991~1992)
동양금속공업(주) 기획조정실 실장(1988~1991)
신화공업(주)생산기술부(1984~1988)
포스코 제강부(1982~1983)

◉ 저서/공저
기업과 나 그리고 기업문화(1992)
직무분석 어떻게 할 것인가?(1993)
직무분석연구&신인사제도 설계(1997)
소비자행동 동기이론(2004)
소비자 인지행동(2009)
The Job 오케스트라(2012)
기업직무 파헤치기(2013)
금융지원 직무 취업&직무능력개발 어떻게 할 것인가(2016)
은행&증권 직무 취업&직무능력개발 어떻게 할 것인가(2016)
보험 직무 취업&직무능력개발 어떻게 할 것인가(2016)
경영관리 직무 취업&직무능력개발 어떻게 할 것인가(2016)
경영지원 직무 취업&직무능력개발 어떻게 할 것인가(2016)
영업관리 직무 취업&직무능력개발 어떻게 할 것인가(2016)
생산기술 직무 취업&직무능력개발 어떻게 할 것인가(2017)
경영기획 조직 실무능력개발 매뉴얼(2018)
경영관리 조직 실무능력개발 매뉴얼(2018)
인사관리 조직 실무능력개발 매뉴얼(2018)
영업관리 조직 실무능력개발 매뉴얼(2018)

저자프로필

마케팅전략관리 조직 실무능력개발 매뉴얼(2018)
회계관리 조직 실무능력개발 매뉴얼(2018)
재무관리 조직 실무능력개발 매뉴얼(2018)
총무관리 조직 실무능력개발 매뉴얼(2018)
고객관리 조직 실무능력개발 매뉴얼(2018)
구매관리 조직 실무능력개발 매뉴얼(2018)
생산관리 조직 실무능력개발 매뉴얼(2018)
생산기술 조직 실무능력개발 매뉴얼(2018)
품질관리 조직 실무능력개발 매뉴얼(2018)

◘ 직무분석, 조직설계, 인사제도설계, 경영평가 연구 주요 수행실적

TRW스티어링: 조직 직능개발과 기능 활성화를 위한 직무분석(1993)
공무원연금공단: 직무분석 및 중장기 경영계획수립 연구용역(2003)
국군재정관리단: 국방성과관리 연구용역(2013)
국민건강보험일산병원: 일산병원 연봉임금제 도입 관련 평가시스템개발 연구용역(2000)
국민연금공단: 인적자원관리 인프라 구축 연구용역(2001)
금호생명: 경력개발제도 연구용역(2006)
금호생명: 회사 적정조직 및 적정 인력규모 산정 연구(2009)
기아정기: 신조직 설계를 위한 직무분석(1993)
대전광역시동구청: 총액인건비제 도입과 조직개편을 위한 조직진단 및 연구용역(2007)
대전광역시중구청: 총액인건비제 시행을 위한 조직진단 용역(2007)
동부화재해상보험: 신조직 및 인사제도 설계를 위한 직무분석(1997)
동아시테크: 직능평가제도 설계를 위한 직무분석(1996)
동양폴리에스터㈜: 직무체계확립과 과업표준화를 위한 직무분석(1996)
미도파푸트시스템: 직능평가제도 및 연봉임금제도 설계를 위한 직무분석(1996)
부산항만공사: 직무분석 및 제도개선등 용역(2005)
부산항만공사: 팀KPI 운영메뉴얼 및 운영방안 개 발연구용역(2005)
서울특별시시설관리공단: 공단 업무재설계(B.P.R)자문 및 실시용역(2001)
순천대학교: 전기전자공학부 교과과정 개선 직무분석 연구용역(2016)
쌍용자동차: 정원산정을 위한 직무분석(1994)
우정사업본부: 우정사업 조직몰입도 수준조사 및 향상 프로그램개발 연구용역(2006)
우정사업본부: 우정사업 중장기 인재육성 방안 연구용역(2005)
울산항만공사: 2011년 울산항만공사 경영실적 평가 자문용역(2012)
울산항만공사: 2012년 울산항만공사 경영실적 평가 자문용역(2012)
울산항만공사: 비전, 경영전략체계, 조직 및 인사시스템 선진화 연구용역(2011)
인천국제공항공사: 조직관리 기본지표 개발을 위한 직무분석 용역(2005)
㈜도루코: 성과평가제도 설계를 위한 직무분석(2003)

㈜도루코: 조직 및 정원산정을 위한 직무분석(2000)
㈜삼홍사: 목표관리과제(MBO)설계를 위한 직무분석 연구(2002)
충남천안시: 전직원 적성검사 용역(2007)
태백관광개발공사: 조직진단 연구용역(2006)
한국가스안전공사: 2000년 직무분석. 고객만족도. 사업심사분석 용역(2000)
한국남부발전㈜: 임금피크제 직원 효율적 운영을 위한 발전방향 컨설팅용역(2017)
한국도로공사: 직무역량 평가체계 개발 및 활용에 관한 연구용역(1999)
한국마사회: 제주경마공원 관리사 직무분석(2002)
한국방송공사: KBS의 합리적 인원관리를 위한 직무분석(1992)
한국산업인력공단: 『직무분석』 연구용역(2003)
한국수자원공사: Kwater 총보상체계 합리화 방안 연구용역(2011)
한국수자원공사 수자원연구원: 수자원연구원 중장기 발전방안 연구용역(2007)
한국승강기안전기술원: 신인사제도 컨설팅(2011)
한국유리공업㈜: 업무혁신 및 조직재설계를 위한 직무분석(2000)
한국저작권위원회: 저작권 정보관리 및 서비스사업 평가(2016)
한국전력공사전력연구원: 전력연구원 비전성과지표 개발 및 시범평가(2005)
한국컨테이너부두공단: 성과중심의 연봉제 도입용역(2006)
한국프랜지공업: 신조직설계와 정원산정, 신인사 제도설계를 위한 직무분석(1995)
한국환경자원공사: 직무분석을 통한 조직재설계 방안 연구 및 직원만족도 조사(2005)
효성생활산업: 능력급 인사제도를 위한 직능자격제도 및 직무값 설계(1996)

■ 기타 연구과제 수행실적
경기도고양시: 홍보매체 효과성 분석 및 맞춤형 홍보용역(2016)
경기도광명시: 「광명비전2025」 광명시 장기발전계획수립 학술연구 용역(2007)
경기도여주군: 여주군 지역사회복지욕구 및 자원조사 연구용역(2006)
경기도이천시: 제2기 이천시 지역사회복지계획수립을 위한 학술연구 용역(2010)
당진시청: 농촌중심지활성화사업 예비계획서 작성용역(2014)
대전광역시중구청: 장수마을관리원에 대한 발전방안 용역(2006)
서광전기㈜: 기업성장전략개발을 위한 경영분석(1992)
서울산업진흥원: DMC 교통접근성 개선을 위한 교통실태 분석(2017)
성암그룹: 광주직할시 서구사업지 신사업 투자개발 연구(1992)
우정복지협력회: 정보통신수련원의 효율적인 관리 및 운영혁신방안 연구(2006)
우정사업본부: 위탁창구망 중장기 육성방안 연구용역(2006)
우정사업본부: 창구소포 활성화 추진방안 마련 연구용역(2016)
인천국제공항공사: 사회공헌 프로그램 성과측정 용역(2014)
전라남도화순군: 화순군 지역사회복지계획수립 학술용역(2006)
충남계룡시: 계룡시 대중교통 기본계획수립 및 교통약자 이동편의증진 용역(2008)

저자프로필

한국기상산업진흥원: 항공기상청 13~15년(3년)사업운영계획수립 용역(2013)
한국산업인력공단: 『시험의 면제기준 축소방안』 연구용역(2003)
한국저작권위원회: 2015년 저작권 비즈니스 활성화 지원사업 평가용역(2015)
한국저작권위원회: 2015년 저작권 기술 및 표준화사업 모니터링 및 성과평가 용역(2015)
한국저작권위원회: 2016년 저작권 비즈니스 활성화 지원사업 평가(2016)
한국저작권위원회: 국가디지털콘텐츠 식별체계(UCI) 사업평가 및 만족도 조사(2015)
한국전력기술㈜: 중장기 경영전략 Rolling 용역(2010)
한국전자통신연구원: 광기반 공정혁신 플랫폼의 산업체 지원 수요조사, 수요자 만족도 및 생산성 향상분석(2014)
한국정보화진흥원: 2010/2011년 정보화정책 연구성과 분석(2011)
한국환경공단: 한국환경공단 직급조정관련 직원 경력 확인 및 환산용역(2010)

저자 편제호
◉ 학력
성균관대학교 대학원 박사과정 수료 교육학 전공(2017)
한국외국어대학교 교육대학원 교육경영학 석사(2015)
한림대학교 법학(2010)

◉ 경력
효산경영연구소(주) 전문연구원(2010~현재)
효산지식인력개발원 교육실장(2012~현재)

◉ 저서/공저
기업직무 파헤치기(2013)
금융지원 직무 취업&직무능력개발 어떻게 할 것인가(2016)
은행&증권 직무 취업&직무능력개발 어떻게 할 것인가(2016)
보험 직무 취업&직무능력개발 어떻게 할 것인가(2016)
경영관리 직무 취업&직무능력개발 어떻게 할 것인가(2016)
경영지원 직무 취업&직무능력개발 어떻게 할 것인가(2016)
영업관리 직무 취업&직무능력개발 어떻게 할 것인가(2016)
생산기술 직무 취업&직무능력개발 어떻게 할 것인가(2017)
경영기획 조직 실무능력개발 매뉴얼(2018)
경영관리 조직 실무능력개발 매뉴얼(2018)
인사관리 조직 실무능력개발 매뉴얼(2018)
영업관리 조직 실무능력개발 매뉴얼(2018)
마케팅전략관리 조직 실무능력개발 매뉴얼(2018)
회계관리 조직 실무능력개발 매뉴얼(2018)

재무관리 조직 실무능력개발 매뉴얼(2018)
총무관리 조직 실무능력개발 매뉴얼(2018)
고객관리 조직 실무능력개발 매뉴얼(2018)
구매관리 조직 실무능력개발 매뉴얼(2018)

◘ 직무분석, 조직설계, 인사제도설계, 경영평가 연구 주요 수행실적
국군재정관리단: 국방성과관리 연구용역(2013)
순천대학교: 전기전자공학부 교과과정 개선 직무분석 연구용역(2016)
울산항만공사: 2011년 울산항만공사 경영실적 평가 자문용역(2012)
울산항만공사: 2012년 울산항만공사 경영실적 평가 자문용역(2012)
울산항만공사: 비전, 경영전략체계, 조직 및 인사시스템 선진화 연구용역(2011)
한국남부발전㈜: 임금피크제 직원 효율적 운영을 위한 발전방향 컨설팅용역(2017)
한국수자원공사: Kwater 총보상체계 합리화 방안 연구용역(2011)
한국승강기안전기술원: 신인사제도 컨설팅(2011)
한국저작권위원회: 저작권 정보관리 및 서비스사업 평가(2016)

◘ 기타 연구과제 수행실적
경기도고양시: 홍보매체 효과성 분석 및 맞춤형 홍보용역(2016)
경기도이천시: 제2기 이천시 지역사회복지계획수립을 위한 학술연구 용역(2010)
당진시청: 농촌중심지활성화사업 예비계획서 작성용역(2014)
서울산업진흥원: DMC 교통접근성 개선을 위한 교통실태 분석(2017)
우정사업본부: 창구소포 활성화 추진방안 마련 연구용역(2016)
인천국제공항공사: 사회공헌 프로그램 성과측정 용역(2014)
한국기상산업진흥원: 항공기상청 13~15년(3년)사업운영계획수립 용역(2013)
한국저작권위원회: 2015년 저작권 비즈니스 활성화 지원사업 평가용역(2015)
한국저작권위원회: 2015년 저작권 기술 및 표준화사업 모니터링 및 성과평가 용역(2015)
한국저작권위원회: 2016년 저작권 비즈니스 활성화 지원사업 평가(2016)
한국저작권위원회: 국가디지털콘텐츠 식별체계(UCI) 사업평가 및 만족도 조사(2015)
한국전력기술㈜: 중장기 경영전략 Rolling 용역(2010)
한국전자통신연구원: 광기반 공정혁신 플랫폼의 산업체 지원 수요조사, 수요자 만족도 및 생산성 향상분석(2014)
한국정보화진흥원: 2010/2011년 정보화정책 연구성과 분석(2011)
한국환경공단: 한국환경공단 직급조정관련 직원 경력 확인 및 환산용역(2010)

재무관리 조직 실무능력개발 매뉴얼

초   판 : 2018년 07월 12일
지 은 이 : 편창규, 편제호 공저
펴 낸 이 : 김정희
발 행 처 : 효산경영연구소 지식인력개발원
출판등록 : 1992. 6.16 제2-1392
주   소 : 서울특별시 영등포구 63로 36, 5층(여의도동 리버타워)
전   화 : 02) 561-0310, 564-9970, 9971
팩   스 : 02) 561-9975
홈페이지 : www.hsojt.co.kr(교육), www.hyosan.re.kr(연구소)
저자상담 : ck55p@hyosan.re.kr

본서는 저작권으로 보호되고 있으므로 무단 복제, 인용 행위를
금지하며, 파본은 교환하여 드립니다.

정 가 9,000원   ISBN 978-89-87367-25-5
                       ISBN 978-89-87367-17-0(세트)